あなたの国語授業を直します

著
伴 一孝

解説《ポイント》
長谷川博之

学芸みらい社

はじめに

授業は難しい。教師なら誰もが感じていることだ。しかし、勉強を続けるならば「授業は易しい」に変わってくる。簡単なことだ。難しいと感じるのは、勉強しないから。正確に言うと、勉強の仕方を知らないからだ。教師になるほどの人だから、勉強の仕方さえ知ってしまえば、誰だって「授業は易しい」に変化する。せっかく教師になったのだから、ぜひそう言えるようになってほしい。私はいつも、そうやって仲間に何でも伝えてきた。勉強の仕方・技術・考え方等々、自分が学んだことは全て、包み隠さずにだ。

本書でも、それは同様である。縁あって、若い先生方の授業を、映像と文字起こしで観て、コメントをすることになった。本来ならば、直接顔を合わせて、授業の背景にある事情も聴きながら行いたいところである。しかし、書物には書物の流儀があり、そこでしかできない勉強もある。どんな仕事のオーダーも断ったことがない自分だ。失礼や無法も顧みず、思い切ってやってみた。

一つ一つの授業に対するコメントは、私が有する技術・考え方の全てである。隠したこと、出せなかったことは一つもない。これが私の限界であり、到達点だ。勘違いや間違いも多々あるだろう。目に余る場合は御批正いただきたい次第である。素直に拝聴・拝見したいと思う。

私は現在、教壇に立っていない。自ら職を辞したのである。三五年教えてきたが、最後の一〇年くらいは「極楽」だった。何のストレスもなく、自由に大空を滑空するかの如くに授業ができた。時間（個々の授業や指導、場合によっては単元まで）の采配も自在にできた。時計は不要。大まかに勘で計っても間違いはなかった。身体が小学校の「四五分間」という一単位時間に馴染んでしまった。一つの指導にかかる時間も推定・塩梅ができた。教師というのは、本当に幸せで楽しい仕事なのだ。

目次

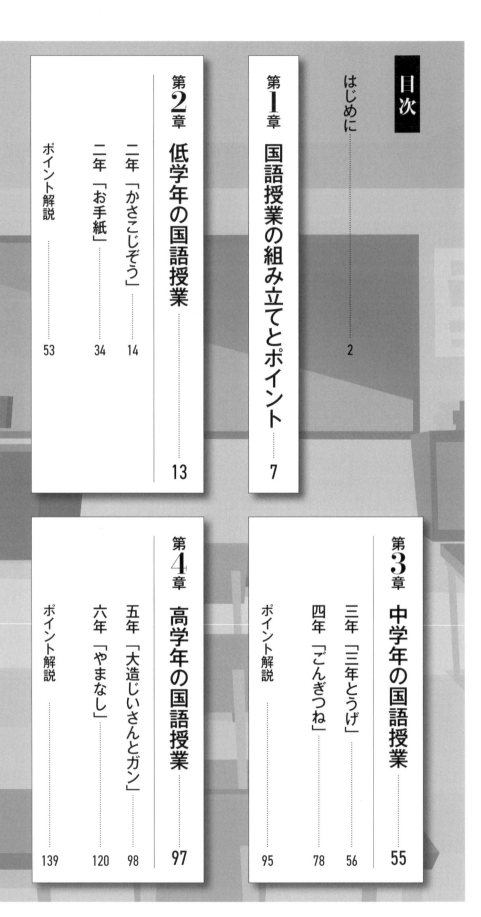

本書の構成（2~4章）

単元の何時間目の授業かを示す。

一時間の授業の「主な流れ」と、授業者による「自分の授業に対しての考え」を示す。

白文字は、この周辺の授業展開に対するコメント。

▲印は、この発言へのコメント。

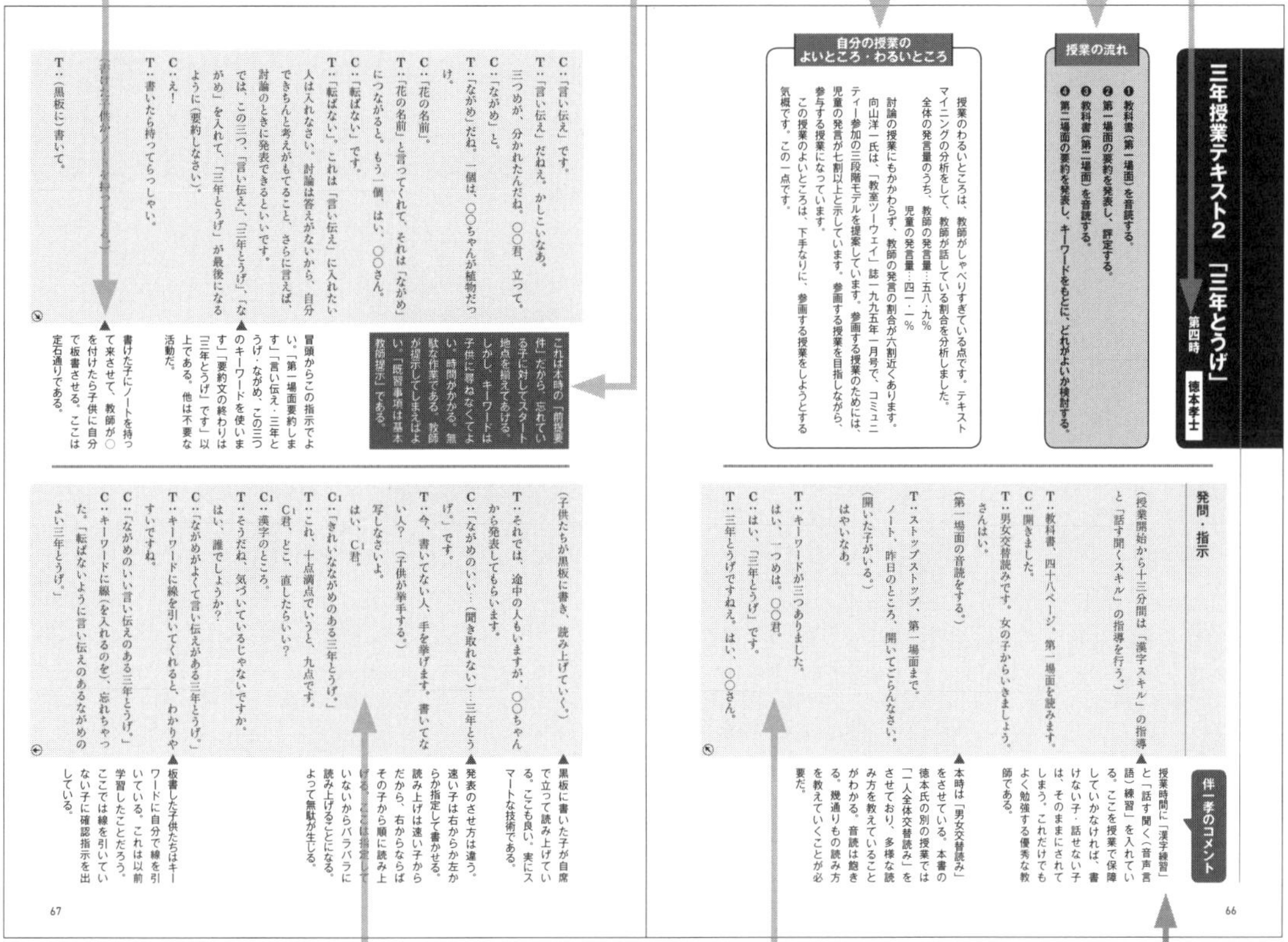

三年授業テキスト2　「三年とうげ」　第四時　徳本孝士

授業の流れ

❶ 教科書（第一場面）を音読する。
❷ 第一場面の要約を発表し、評定する。
❸ 教科書（第二場面）を音読する。
❹ 第二場面の要約を発表し、キーワードをもとに、どれがよいか検討する。

自分の授業の よいところ・わるいところ

授業のわるいところは、教師がしゃべりすぎている点です。テキストマイニングの分析をして、教師が話している割合を分析しました。

全体の発言量のうち、教師の発言量…五八・九％
児童の発言量…四一・一％

討論の授業にもかかわらず、教師の発言の割合が六割近くあります。
向山洋一氏は、「教室ツーウェイ」誌一九九五年一月号で、コミュニティー参加の三段階モデルを提案しています。参画する授業のためには、児童の発言が七割以上と示しています。参画する授業を目指しながら、参与する授業になっています。

この授業のよいところは、下手なりに、参画する授業をしようとする気概です。この一点です。

発問・指示

（授業開始から十三分間は「漢字スキル」の指導と「話す聞くスキル」の指導を行う。）
T：教科書、四十八ページ。第一場面を読みます。
C：開きました。
T：男女交替読みです。女の子からいきましょう。さんはい。
（第一場面の音読をする。）
T：ストップストップ、第一場面まで。ノート、昨日のところ、開いてごらんなさい。
（開いた子がいる。）
はやいなあ。
T：キーワードが三つありました。はい、一つめは。〇〇君。
C：はい、「三年とうげ」です。
T：三年とうげですねえ。はい、〇〇さん。

伴一孝のコメント

▲授業時間に「漢字練習」と「話す聞く（音声言語）練習」を入れている。ここを授業で保障していかなければ、書けない子・話せない子は、そのままにされてしまう。これだけでもよく勉強する優秀な教師である。

▲本時は「男女交替読み」をさせている。本書の徳本氏の別の授業では「一人全体交替読み」をさせており、多様な読み方を教えていることがわかる。音読は飽きる。幾通りもの読み方を教えていくことが必要だ。

66

C：「言い伝え」です。
T：「言い伝え」だねえ。かしこいなあ。三つめが、分かれたんだね。〇〇君、立って。
C：「ながめ」と。
T：「ながめ」だね。一個は、〇〇ちゃんが植物だっけ。
C：「花の名前」。
T：「花の名前」と言ってくれて、それは「ながめ」につながると。もう一個、はい、〇〇さん。
C：「転ばない」です。
T：「転ばない」。これは「言い伝え」に入れたい人は入れなさい。討論は答えがないから、自分できちんと考えがもてること、さらに言えば、討論のときに発表できるといいです。では、この三つ、「言い伝え」、「三年とうげ」、「ながめ」を入れて、「三年とうげ」が最後になるように（要約しなさい）。
C：え！
T：書いたら持ってらっしゃい。
T：（黒板に）書いて。

これは本時の「前授業件」だから、忘れている子に対してスタート地点を揃えてあげる。しかし、キーワードは子供に尋ねなくてよい。時間がかかる。無駄な作業である。教師が提示してしまえばよい。「既習事項は基本教師提示」である。

▲冒頭からこの指示でよい。「第一場面要約します」「言い伝え・三年とうげ・ながめ、この三つのキーワードを使います」「要約文の終わりは「三年とうげ」です」以上である。他は不要な活動だ。

▲書けた子にノートを持って来させて、教師が〇を付けたら子供に自分で板書させる。ここは定石通りである。

（子供たちが黒板に書き、読み上げていく。）
T：それでは、途中の人もいますが、〇〇ちゃんから発表してもらいます。
C：「ながめのいい…（聞き取れない）…三年とうげ。」です。
T：今、書いてない人、手を挙げます。書いてない人？（子供が挙手する。）写しなさいよ。
はい、C1君。
C1：「きれいなながめのある三年とうげ。」
T：これ、十点満点でいうと、九点です。C1君、どこ、直したらいい？
C1：漢字のところ。
T：そうだね、気づいているじゃないですか。はい、誰でしょうか？
C：「ながめがよくて言い伝えがある三年とうげ。」
T：キーワードに線を引いてくれると、わかりやすいですね。
C：「ながめのいい言い伝えのある三年とうげ。」
C：キーワードに線（を入れるのを）、忘れちゃった。「転ばないように言い伝えのあるながめのよい三年とうげ。」

▲黒板に書いた子が自席で立って読み上げている。ここも良い。実にスマートな技術である。

▲発表のさせ方は違う。速い子は右からか左からか指定して書かせる。読み上げは速い子からだから、右からならばその子から順に読み上げる。ここは指定していないからバラバラに読み上げることになる。よって無駄が生じる。

▲板書した子供たちはキーワードに自分で線を引いている。これは以前学習したことだろう。ここでは線を引いていない子に確認指示を出している。

67

実際に行われた国語授業の映像に対して、改善するポイント等を説明。

授業内の教師や児童の発言を、できるだけそのままテキストに起こしているため、文章としては読みにくい場合がある。（　）では、授業の様子がわかるように、行動や言葉を補足した。

T：教師の発言。C：児童の発言。Cの右下の数字が同じ場合は、同一人物の発言を表す。

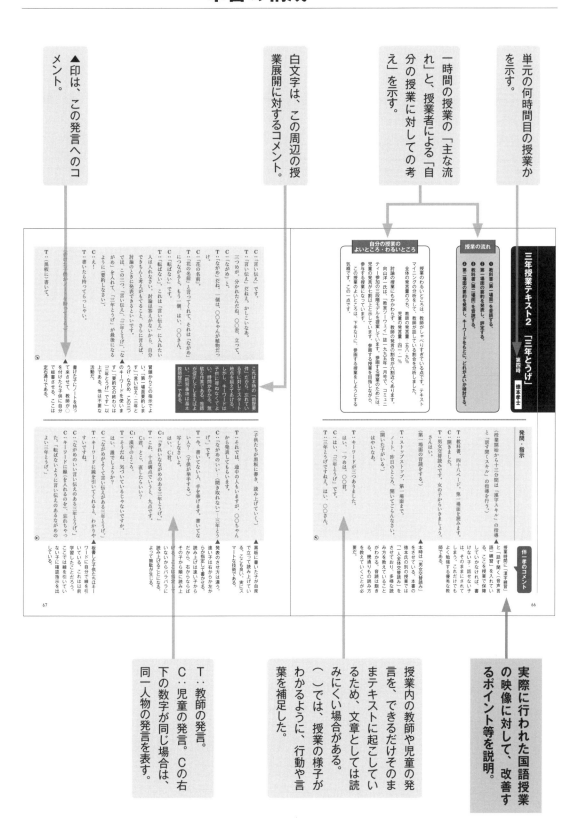

第1章

国語授業の組み立てとポイント

国語授業の組み立てとポイント

「国語授業の組み立て」は、次のようにする。

①定番の活動（百人一首・漢字・音声言語・暗唱・視写等）
②音読（範読・追い読み・交替読み・一斉読み・朗読等）
③本時の活動（読解・作文等）

「ポイント」は、以下の一点に集約される。

無駄を省く。

以下、「国語授業の組み立て」に沿って、具体的に論じる。

❶定番の活動（一〇分～一五分程度）

A.「百人一首」の指導

「百人一首」は優れた短歌を百首集めたものだ。短歌の音律「五・七・五・七・七」は日本語の基本的リズムである。明治以降、外来の音楽に歌詞を合わせるために生まれた「四・四・五」の音律と共に、日本人の感性に浸透している。「語呂が良い」という言い方をする。安定性があって親しみやすい。「百人一首」は、遊びながら、この音律を身体に入れていく。日本の伝統文化である。

授業で扱うには一度に百首は多すぎる。二〇枚ずつに分けた「五色百人一首」がよい。二〇枚だと一戦が二～三分で終わる。二人で向かい合わせて対戦させる「源平戦」が楽しい。私は毎時間三戦ずつ行わせた。子供たちは、教師が何も言わずとも、喜んで百首を覚えようとする。

「五色百人一首」で検索すれば、やり方も入手法も出てくる。ぜひ授業で「五色百人一首」を取り入れてほしい。

B.「漢字」の指導

小学校六年間で、約千文字を覚えさせる。基本型は三つである。

ア.空書き（筆順を見ながら指で書く）
イ.なぞり書き（薄く書いてある手本を筆順どおりになぞる）
ウ.写し書き（手本を見ながら自分で書く）

最も大切なのはアの「空書き」である。これがスラスラできるように、何度も練習させる。できるまで鉛筆は持たせない。だから授業で教師がついてやらせなければ無理だ。鉛筆で書かせないから、子供の負担は軽減される。これがしっかりできたら、他は鉛筆を使って二〜三回でよい。毎時間、新出漢字を三つ前後扱う。週に一回程度、ミニテストをする。

この基本型は、学校教材「あかねこ漢字スキル」によるものである。「あかねこ漢字スキル」で検索すると、やり方・入手法が出てくる。

C.「音声言語」の指導

声を出させる・はきはきと話させる・人前で話させる、これらは授業でちゃんと時間を取って指導しなければならない。自然に育つものではない。口をしっかりと開けて、人に伝わりやすく綺麗に話す。すると脳が活性化する。あごがしっかりと動くので、こめかみから脳に刺激が伝わるからだ。

これは、学校教材「話す聞くスキル」を使うとよい。検索すると、具体的指導法が動画で出てくる。

D.「暗唱」の指導

百人一首と同じように、俳句や短い詩等も覚えさせる。「学習」は「模倣」に始まる。名詩や名文をたくさん暗唱している人間ほど、表現（文字も音声も）が豊かになる。一つを提示して「覚えた人から着席しなさい。全員起立」と言って指導する。時々テストをする。

詩などは下を少しずつ隠して読ませていく。段々隠す範囲を多くしていき、最後は全部隠してしまう。

これは、「暗唱詩文集」で検索してほしい。学級全体で、楽しく覚えることができる。

E.「視写」の指導

暗唱と同様に、美しい優れた文章を書き写す。これも多いほど、文章表現が豊かになる。時間を取ってやらなければ、子供たちにはできない。

学校教材「書く力トレーニング　うつしまる」を使うとよい。こちらも検索してほしい。

その他のことも扱うが、大体これくらいでよい。毎時間全てをやるのではなく、いくつかを取り上げる。

ただ、漢字だけは、必ず毎時間やった方がよい。やらなければ、千文字に至らせず中学校に上げることになる。子供たちが可哀想である。

❷音読（一〇〜一五分程度）

A.範読

教師が正確に美しく読み聞かせる。振り仮名を打つ子もいる。それでよい。句読点の区切りを明確に読み上げる。お手本が良ければ、子供たちも上手になる。

B.追い読み

教師が一文を読み、子供たちにまねをさせる。長くやると飽きるので、ある程度読ませたら「ここまで自分で読めたら着席。全員起立」と言うのが定番だ。

C.交替読み

男女交替・廊下側と窓側交替・列交替・隣同士交替・グループで時計回り交替など、様々に形態を変えて読ませる。子供同士で確認させる意味もある。

D.一斉読み

教科書を立て、両手で持って、正しい姿勢で読ませる。口パクの子もいるので、机間巡視をする。教室後方から見ると、正しいページを開けていない子が何名かいるものだ。それが普通の教室である。

E.朗読

「表現読み」ともいう。名文や、ある作品の一部を、自分なりの表現で音読させる。主に高学年で扱う。長く読ませるのではない。短く何名にも読ませる。

できれば一人ずつ評定する。「合格・不合格」「A・B・C」でもよいし、点数をつけてもよい。評定をすれば、子供たちは何度でも挑戦してくる。そうして力を引っ張り出す。

その他の読みも扱うが、主にこれくらいだろう。音読も家庭まかせにしては駄目だ。「音読カード」の宿題など、迷惑千万である。当該学年の教科書を、きちんと読めるように指導するのが、教師の仕事である。特に国語科では重要だ。

❸本時の活動(一五〜二五分程度)

A.「読解」の指導 —文学作品—

文学作品(物語・詩・短歌・俳句等)は、「構成・イメージ・対比・主役・視点・主題」等を一時間に一つ程度扱う。「分析批評」という文学作品の読み方(解釈)の規則を教える方法である。

絵画や音楽の鑑賞と同じように、文学にも鑑賞の規則がある。授業では、それをこそ教えるべきだ。戦後日本の国語教室では「気持ち」や「感動」を扱う授業がもてはやされてきた。しかし、本書の授業コメントで論じたように、それは国語の授業ではなくなる。「吹き出し」や「ワークシート」も同様である。「劇をする」など、遊びでしかない。

例えば、本書四年「ごんぎつね」大木島氏の授業は「構成」を扱っている。物語の山場(クライマックス)はどこかという授業(一部)である。一つの作品で「クライマックス」という概念を学べば、次に出会う作品にも、その概念を適用できる。五年「大造じいさんとガン」の「クライマックス」はどこかと、子供は自分たちで検討が可能となる。このような蓄積型(転用型)の授業が、日本の国語授業には欠落している。よって、各自がバラバラ勝手に感想を述べ合うだけとなる。時間の無駄づかいだ。何の力もつかない。

本書には、他に「イメージ(五年:大造じいさんとガン、六年:やまなし)」「対比(五年:大造じいさんとガン)」「主役(四年:ごんぎつね)」等の授業例が所収されている。一時間に一つの観点でよい。それだけを扱う。子供がノートにどれだけ「自分の考え」を書いたか。それが授業の指標(評価基準)である。内容のある蓄積型(転用型)の授業をすればそうなる。短く、的確に指導することが肝要だ。詳しくは「向山型分析批評」で検索してほしい。

B.「読解」の指導 —非文学作品—

非文学作品(説明文・報告文等)は、「要約・段落構成・問いと答えの整合性」等を扱う。文学作品の授業と同様、これ以外の一般的な授業形態(内容)をまねると、国語嫌いの子供たちを量産してしまう。

よって止める。

本書では、三年「三年とうげ」の授業が「要約」を扱っている。文学作品も非文学作品も、考え方は同じである。一つの段落を「二〇文字以内」で要約させる。

最初は、子供たちの書く要約文はバラバラだ。何も教えられていないのだから当然である。一度書かせておいて評定する。一〇点満点の二点くらいだ。次に「キーワード」の概念を教える。その段落で大切な言葉を三つ確定する。二度目の要約文を書かせて(板書)、キーワードがいくつ入っているかで教師が個別評定する。そして「体言止め」を指導する。文末を、最も大切な「キーワード」で終わらせる。ある事象を「説明」している文章なので、多くは「名詞」が最重要キーワードとなる。再度黒板に書かせて個別評定する。

キーワードが三つ入っており、文末が最重要キーワードで体言止めとなっていれば九点。日本語としておかしくなければ一〇点満点となる。

子供のノートには、二度・三度と要約文が記され、得点が向上していくのが顕わになる。二~三時間で、子供たちは「要約」の仕方を身につけ、それが大好きになる。段落要約を組み合わせれば「段落構成」も明らかになる。

授業の評価基準は「子供のノート(自分の考え)」それだけである。他はない。その他、詳細は「向山型説明文指導」で検索してほしい。

C．作文の指導

教科書などに「お手本（例）」が示されている。基本的に、これをそのまま写させる。自分で書ける子には、そうさせる。しかし、最初から書ける子は、いないと思った方がよい。

教科書の「お手本」を、写真モードでコピー機にかけて、適当な大きさに拡大して印刷しておく。これを配って、「なぞりなさい」でよい。速い子には「ノートにも写してごらんなさい」でよい。すると「先生、少し自分で変えてもいいですか?」と尋ねてくる子がいる。それを紹介して、とても良いことだと褒める。すると、まねる子が出てくる。書けたら読み上げさせる。また褒める。すると変化の幅が大きくなる。当然である。

弱い子は「お手本」をなぞっただけで褒められる。ノートに写しただけで大いに褒められる。だから全員、作文の授業が大好きになる。当然である。

D．その他の指導

その他、「話し合い」や「〇〇作り」の単元もある。大切なのは「モデリング」である。

「モデル」を示さない。模倣対象がない授業は、弱い子にとって地獄である。「話し合い」であれ、「〇〇作り」であれ、まずは「モデル」を示して確認させ、「これとそっくり同じでよい」と安心させる。

自分で工夫や変化を加えられる子には、存分に力を発揮させる。そうやって評定を上げてあげればよい。

弱い子たちは同じ時間に「モデル」を模倣して、ちゃんと学習している。ただ褒めてあげればよいのである。これがない授業は、拷問と同じである。だから子供が壊れていく。

再度、授業最大の「ポイント」を示す。

無駄を省く。

本稿で示したこと以外は、ほとんど「無駄」である。やらない方がよい。いや「やってはいけない」。私が三五年間、子供たちと教室で授業して確信した。国語科授業の極意である。

第2章

低学年の国語授業

二年「かさこじぞう」第三時・第五時
二年「お手紙」第九時・第十時

二年授業テキスト1「かさこじぞう」第三時

田代勝巳

授業の流れ

❶ 教科書を音読する。
❷ 登場人物を確認する。
❸「主人公は誰か」について自分の意見をノートに書き、発表する。
❹ 主人公は「じいさま」か「じぞうさま」か、討論する。
❺「主人公はどちらか」について自分の考えをノートに書く。

自分の授業のよいところ・わるいところ

子供たちを見ながら授業を進めている。立ち歩いてしまう子が二人いるが、授業には積極的に参加しているので、あえて注意などはせずにそのまま進めた。四月当初は授業に参加できず、自分のしたいことをやっている子だったが、一二月にはずっと授業に参加できるようになった。

しかし、月曜日の一校時。指名なし音読が途中で途切れてしまう。一斉音読に切り替えたが、なかなか声がそろわない。このような場合のとっさの対応ができていない。短い作業をさせて力強く褒める、個別評定、教室を半分に分けて読みを評定するなどの方法があるが、子供の状態を見て、授業に乗せていくための瞬時の対応ができていない。

また、討論のときに「～は関係ない」という意見が出ている。主人公の定義をしていないために、思ったことをただ言い合っている状態に陥っている。互いに言いたいことは言うが、結局、論点が明らかになっていないため、論が深まらない。教師が入り、論点をわかりやすく整理すべきである。

発問・指示

（授業のはじめは漢字指導と暗唱を行う。）

T：はい。「かさこじぞう」

（指名をせずに音読が始まる。）

椅子をちょっとひいて。椅子の音、立てるとあれだ（騒がしい）からね。

C：おれ、言っていい？

T：いいですよ。

（教科書の指名なし音読*をする。）

T：みんなで読もう。じゃあ、最初から。「かさこじぞう」から。はい、さんはい。

（一斉に音読する。）

T：ストップ。教科書、持っている人？　教科書、両手で持つ。立てる。それが正しい読み方。はい、続きね。さんはい。

（一斉に音読する。）

伴一孝のコメント

指名なし音読で譲り合いながら、滞りなく子供たちが授業を始めている。これは列指名音読等からステップを踏んで指導しなければできない。

*指名なし音読
子供たちが指名されなくとも、自発的に音読していく方法。一文ずつ交替するなどの進め方がある。

▲読む子が途絶えたところで「一斉読み」に移行させる。状況に合わせて教育技術を展開している。しかも、「にこやかに」である。余裕あるスタイルだ。

▲途中でストップさせ、教科書の持ち方を確認する。これも見落としがちなポイントである。

T：はい、ストップ。

最初のところばかり読んでいるので、後ろも読みます。いちばん最後のページ出して。八〇ページ。はい。

（一斉に音読する。）

▲一斉読みはどうしても冒頭部からの読みに偏りがちだ。よって、次に読むページを指定して読ませている。

T：このお話の主人公は、誰かというのを（前の授業で）やりましたね。

「じいさまである。」いや、「じぞうさまである。」

（板書する。）

▲授業は連続性のある営みである。「主人公は誰か」という問いに「現段階での考え」を挙手確認させている。「考えを変えてよい」という隠れ指示である。次の討論で自由度が増す。

じゃあ、手を挙げてもらうぞ、今日の時点で。

はい、手を挙げるぞ。

じいさまだと思う人？　一、二、…。（人数を数える。）

はい、じぞうさま（だと思う人）？…。七人。

▲休み明けの授業である。家で相談してみた子、友達と話し合ってみた子、様々であろう。だからこそ、同じ問いで連続授業を設けている。

よし、お休みがあったので、もう一回相談してもらう。理由、相手の反論、ノートにまとめなさい。

五分間ぐらい。どうぞ。

▲改めて考えをノートに書かせる。書かせなければ、発言力の強い子だけの授業になる。

T：じぞうさま（という意見）の人、立ってごらん。
じぞうさま、じぞうさま派、起立。

じぞうさま（の人たちは）、見渡してごらん。

これ（立っている子供たちのこと）、仲間だからな。

（じいさまが主人公という意見の子に向かって、）今、座っている人が仲間。

▲同じ意見の子たちを立たせることによって確認させる。これも子供たちに発言（意見をノートに書く）を促すための指示である。

はい、じゃあ、五分間、どうぞ相談しなさい。

ノートに必ず書きなさい。

（子供同士で相談する。）

▲相談して意見を書かせる（書いてよいこととする）のは、弱い子に対する配慮。さらに子供たちの意見を連結して強化する作用がある。

T：（机を）討論の形にして。討論の形にして。

（子供が机を移動する。）

T：じゃあ、黒板に書いてもらおうか。

主な理由を黒板に書きなさい。主なものを書きなさい。

（子供が板書する。）

▲黒板に書かせるのは「視覚入力」のための配慮である。友達の意見を聞くだけの「聴覚オンリー」では意見が残らず、聴覚入力が弱い子に厳しい。教師が書くと時間的空白が生じる。よって子供に書かせる。

T：（討論で）何を言うか、決めておきなさいね。
いきなり討論をします。
T：じゃあ、主な理由を、今、（ノートに）書いてもらいました。ここから、みんなだけで討論をしていきますよ。

C：最初から討論。（つぶやく）

T：はい、じゃあ、やってごらん。

C1：じいさまに反対です。わけは、じいさまは家から出て、ただ売りに行っただけだからです。

C2：寒いなか、売りに行ったんだから、いいことをしたんじゃないんですか。

T：最初に自分はどっちなのか、「じいさまが主人公だと思います」だとか、「主人公はじぞうさまだと思います。わけは…。」とか、そういうふうに言わないと。

はい、どうぞ。

C：主人公は、じいさまだと思います。わけは、じぞうさまにやさしくしたからです。

T：もう一回言って。

（子供が言う。）

T：「やさしくしたから」ね。

C：じぞうさまだと思います。じいさまのやったことは、一つしかないから違うと思います。

C：じいさまだと思います。わけは、じぞうさまより、じいさまの場面が多いからです。

「最初から討論」は高等技術である。通常は「指名なし発表」から討論へと移行する。この学級では、その過程が省略できるまで子供たちを育てている。

二人が発言したところで「話型指導」を入れている。ある程度のフォーマットを示さなければ、自由放任発言となり、学級によっては脇道をさまようことになる。

子供たちの発言を教師が確認したり、強化したりしながら討論を進めている。これは低学年であれば当然である。学齢が低いほど、子供たちは「主観」に陥りがちだ。よって討論が空回りする。

C2：はい。じぞうさまのやったことは、一つしかないです。

C1：じいさまの出る場面が多いとか少ないとか、関係ないと思います。

C2：じいさまの方が出る場面、多いよ。一ページ、二ページ、三ページ、四ページ、…全部のところに出てるよ。

C1：うるさい、だまって。

C：じぞうさまに反対です。題名に「かさこじぞう」ってつくから、じぞうさまが主人公になるんですか？

C1：はい。えっと。

T：言っていいよ。

C1：主人公の名前が書いてある本だって、「モンスターズインク」とか、いろいろあるから、それでいいんだと思います。

T：いいこと言ったね。

C：題名に書いてあっても、かさを売りに行ったのは、じいさまだし、じぞうさまは書いてあるけど、かさを売りに行ったりはしていません。

T：ちょっと待って。○○さんが（発言するため

ここまで二年生の論点は「行動」「心情」「頻度」の三つの根拠に分かれている。これを教師が見て取って、整理を加えられるかどうかが勝負である。

四つ目の根拠「題名」が出される。鍛えられた良い学級である。自由度が高い。

「題名」と「内容」は「主人公」の特定理由にはならないとする意見が出ている。高学年ならば「例示」をするだろう。

に）立ってる。

C：じいさまだと思います、わけは、題名に「じぞうさま」って書いてあっても、関係ないと思います。

C2：「かさこじぞう」はじぞうさまが出てくるけど、「鶴の恩返し」は鶴じゃなくて、じいさまが主人公だから、題名は関係ないと思います。

C1：題名に名前が書いてあって、それが主人公の場合もあるから、それでいいんじゃないですか。

C2：じぞうさま（と言った人）に質問です。じぞうさまが、なんで主人公なんですか。

C1：はい。いいことをする人が、じぞうさまだったから。それでいいんだと思います。「鶴の恩返し」も、助けてもらった代わりに、すごい、その助けた以上の、上のことをやったからです。

C：じぞうさまに質問です。なんで、じぞうさまはやさしくしたけど、じいさまもやさしくしたから、どっちもやさしくしたんじゃないですか。

C1：何？

T：じぞうさまもやさしくしたけど、でも、じいさまだってやさしくしたから、やさしくしたっていうことでは、同じじゃないんですかってこと。

▲次の子がちゃんと「鶴の恩返し」という「例示」を出している。二年生とは思えない展開である。

▲「場合による」という意見は「よって、主人公の特定理由にはならない」という意味になる。これは高学年にならなければ子供にはわからないだろう。

▲「心情」が「主人公特定の理由」たり得るのかという論理展開である。子供たちの頭の中は沸騰する。

C1：やさしくしたのは…。その、じぞうさまは、そのやさしさの倍のやさしさを返してあげてるから、じぞうさまの方がいいと思います。

C2：倍のやさしさって、何ですか。

C1：倍のやさしさ？　それよりも、もっと豪華なやさしさ。いろいろくれたから。

C：じいさまだと思います。じいさまは、じぞうさまに、かさをかぶせてあげたから、じいさまだと思います。

C2：はい。昔話は、ほとんど、じいさまが主人公じゃないですか？

C1：浦島太郎は、じいさまじゃありません。ほとんどじゃないよ。金太郎とか桃太郎とかも、じいさまが主人公じゃないでしょ。

C2：三つぐらいじゃん。

C1：え、もっとあるよ。

C：じいさまが主人公だと思います。わけは、じぞうさまは、場面ではあまり出てこないけど、じいさまはいっぱい出てくるからです。

C1：出たところが多いとかは、何も関係ないと思います。

C2：出たところが多い方が、主人公なんじゃないですか。

▲子供らしい「主観」に依拠した論理展開である。おそらく「倍の優しさ」という「言い回し」をどこかでインプットして来た子である。それはそれで認めることが大切。

▲「凡例」が根拠として出てきた。これも子供らしい美しい意見である。大いに認めてあげたい。間違いであってもだ。

▲論点が「頻度」に戻ってきた。このように自由に展開できるところが「指名なし討論」の良いところだ。子供たちは自分が感知した情報（論点）に反応する。一律では、こうはいかない。

C1：そんなの関係ないよ。

C2：関係なくないよ。

C1：だいたい、題名にそのまま「かさこじぞう」って書いてあれば、かさをかぶったじぞうさまが、主人公なんじゃないですか。

C：じいさまだと思います。わけは、じいさまが、じぞうさまにやさしくしたから、じいさまだと思います。

T：ちょっと待ってね。少し整理するよ。

題名のことを話しましたけど、題名で主人公になる場合もあるし、主人公じゃない場合もありますね。これは話していても、「水かけ論」といって、きりがないですね。題名は証拠になりません。

それから、次。「いいことをした」というのは、じいさまもしてますし、じぞうさまもしてます。ただし、「じぞうさまの方が豪華なことをしたんじゃないか」というのが一つの理由だね。

もう一つは「たくさん出た」というのがありました。じいさまの方がたくさん出ています。これは確かな証拠だね。これは確かな一つの

ここまで「質問」形式の発言は一度しかない。つまり特定の相手に対して意見（反論）をしているのではなく、意志の赴くままに発言していることがわかる。

教師が「題名（論）」を消去している。このように子供たちの論点を整理しなければ、何をやったのかわからない授業になる。

証拠です。

今のところ、じいさまの方がたくさん出ているから、こっちの方が主人公。じぞうさまの方が豪華なものをやったから、こっちが主人公。

これが主な二つの理由です。

このあと、どうですか。

題名はもう（話題にしなくていいです）…。

はい、続けてみて。

C1：じいさまたちは食に困ってるから、じぞうさまは、それを助けてあげようとして、大晦日の日を迎える準備を手伝ってあげたんです。手伝ってあげて、ごはんとかを全部くれて、それでも親切にしたとはいえないんですか？

C2：じいさまは、じぞうさまにかさをかぶせたから、じぞうさまにいいことをしたから、いいことが返ってきたんじゃないんですか。

C：じぞうさまは、じいさまとばあさまの……忘れました。

T：煮つまっちゃいましたね。

意見、変わった人います？ 変わってない？

それは、それでいいです。

「心情」と「頻度」に論点を絞って、簡潔に教師が解説を加えている。ここが長くなるのが悪い手である。

短く介入して、すぐに子供たちに討論を継続させる。お手本のような展開である。

長い意見を淀みなく発言できている。この子はノートにこれを書いていない。つまり音だけで発言できるレベルに来ている。

「忘れました」という子は必ずいる。それが子供である。脳のワーキングメモリが未発達なのだ。すかさず教師がフォローを入れている。

C_1：はい。じいさまに、反対です。じいさまは、「もちこ」とかがほしいから行ったけど、何も売れなくて、売れないんだと思って帰りました。でも、それが売れなかったことがかわいそうで、そのときにあとで、今でいうと、サンタクロースみたいなものだけど、ほしいものを届けて、とてもいい年を迎えることができたってことは、じぞうさまは、そのことを、じぞうさまは、じいさまたちにいい正月を迎えてもらいたかったから、そうしたんじゃないんですか?

C_2：それは、違うと思います。じいさまが、じぞうさまにかさこをかぶせたから、じぞうさまがいいことをしてあげたんじゃないですか?

C：じぞうさまに反対です。なんで、じいさまより出る場面が少ないのに、主人公だと思うんですか?

C：質問ですか?

T：もう一回、言って。

C：じぞうさまに反対です。なんで、じいさまより出る場面が少ないのに、主人公だと思うんですか?

T：C_1さん以外で答えられる人いますか。

▲「サンタクロース」のように、子供は「じぞうさま」に思い入れを持っている。反対する子は「返礼」だから重きを置かないと主張する。解釈の違いが明らかになる良い展開だ。

▲「頻度」の子はそこに固執する。他の論点は見えていない(聞いていない)のである。これが子供なのだ。そこを通過して大人になる。

それでも、じぞうさまだっていう人? 思いつかない? そこは答えられない?

C_2：これは答えられないから、下がりましたね。

C_1：さっきも言ったけど、そんなに出る回数とかが多かったからって、主人公になるのはなぜですか? 出る回数が多かったからって、主人公になるのはなんでですか?

C_2：ほとんどのアニメとか、ドラマとかでは、出る場面がいちばん多い人が主人公なんじゃないですか?

C_1：はい、桃太郎とかは、主人公が途中から出てきます。だから、途中から出てきても、主人公といえるんじゃないですか。

C_2：じいさまとばあさまより、桃太郎の方が出る場面が多いです。

C_1：多いからといって、主人公になるのは、そんなに、それは関係ないと思います。

T：それを言うと、きりがないから。でも、多い方が主人公になりやすいですから。「関係ない」と言っちゃうと、討論にならないから。それは認めてあげないと。じいさまの方がたくさん出ている。でも、だからといって決定じゃないんだよ。それは言

▲「頻度」に固執する理由がわからない。ここも面白い展開である。「頻度」は強い論拠だが、低学年は「例示」可能な経験値が低い。よって受け容れられない子たちが厳然として存在する。至極当然のことである。

▲「関係ない」という切り捨て話形に対する指導である。論理が伯仲してくると、迫力のある紋切り型で相手を論破しようとするのは大人と同じである。討論のマナーをきちんと教えている。

うとおり。

でも、「関係ない」と言っちゃ、だめなんだよ。

確かにそうなんです。じいさまの方がたくさん出ています。これは有力な証拠ですね。

C：じいさまとばあさまが二人で暮らしていて、「いい正月を暮らせた」と書いてあるから、じぞうさまのおかげで暮らせたと思います。

C_2：えーと、じぞうさまも、じいさまが、かさこをかぶせたおかげで、雪に埋もれないですんだ。

C_1：道徳のときに「信頼貯金があがる」っていう話をしたけど、いいことをすれば、信頼貯金があがっていって、そのすごいいいことをすれば、すごいあがっていって、じいさまもいいことをしたから、今、いいことになっている。

C_2：今、なんで信頼貯金の話が出てくるの？

T：そういうときになんて言うの？ 「論点が…」

C_2：ずれてます。

T：そう、「論点がずれてます」と言うんですね。

T：まだ一回も意見を言っていない人？ この時間に。何か、言える人、いない？

▲「おかげ」というのは「心情」論者である。これは厳然として子供たちの中に残る。否定すべきことではない。

▲道徳の授業の話を出した子供は「(既習事項を活用して)良いことを言った」と思っている。優しく軌道修正をしてあげることが必要である。

▲討論の授業では極めて大切な指示である。「まだ(言いたくても)言えなかった」子がいるかもしれない。必ず拾ってあげなければならない。いなくてもだ。

T：じゃあ、これは、今日で終わりにしますね。

今の考えをノートに書きます。

(子供が書く準備をはじめる。)

ノートに。

はい、出だしは、「主人公は、……」。

じいさまだという人は、「(主人公は)じいさまである。」、じぞうさまであるという人は「(主人公は)じぞうさまである。」と続けなさい。

「主人公は何々である。……」書かなきゃ、だめ。これが、いちばん大事な勉強。


T：はい、「理由は、いくつある。」この数がわかる人は、二つや三つ書いて。わからない人は抜かしていいです。

あとは、いつもどおり、「主人公は何々である。理由はいくつある。一つめは何々。二つめは何々。」残り三分で、書けるだけ書きなさい。

自分の頭の中、整理して。これがいちばん大事。

(子供がノートに考えを書く。)

(授業終了)

▲討論終了段階で、自分の意見をノートに書かせる。これが子供の頭脳を鍛える。書くためには、自分の考えを整理しなければならないからだ。書き方(フォーマット)もきちんと示している。プロの指導である。

討論の授業は、このようにある意味「言いっ放し」で終わる。それでよい。意見(解釈コード)の違いを聴き合うことが学習なのである。一方的な解釈押し付けの講義型授業では、自分で考える力は育たない。

子供のノート

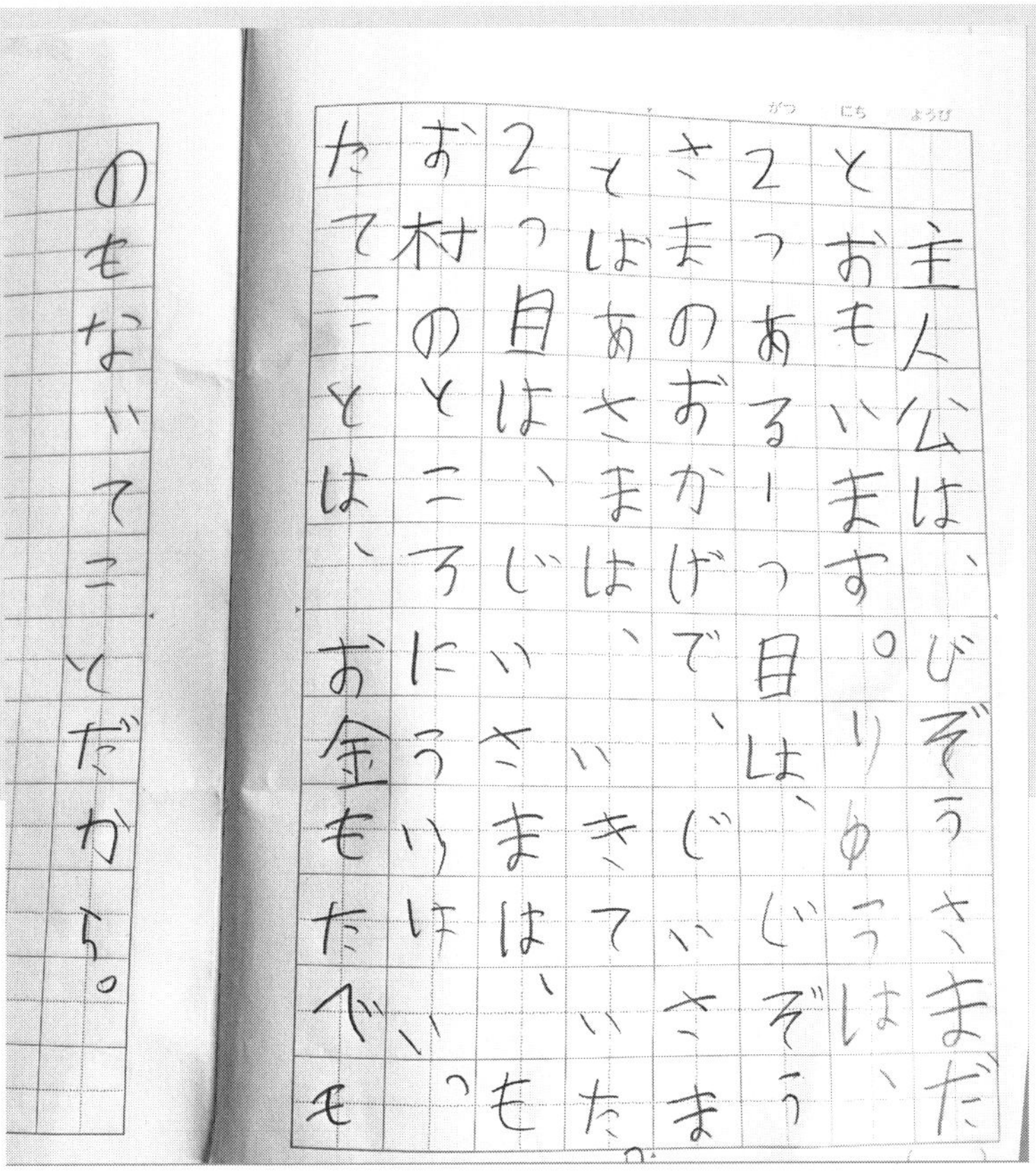

伴一孝より　授業全体について

非常に安定した授業である。「討論」は授業の最高形態の一つである。二年生でここまでの授業が成立するのは希有なことだ。意見を発言するのと、意見を交流するのでは、レベルが全く違ってくる。後者に至るのは、前者の地道な積み重ねがなされた学級だけだ。これは観ただけでわかる。形式的なことを排除し、本質だけを求める教師だけに許される境地なのである。子供たちが意見を言い合う。そこに違う子供たちが絡んでくる。全員が同じことを考えているのではない。しかし、そこには一定の秩序があり、教師の慈愛に満ちた導きがある。このような教室で学べる子供たちは、誠に幸せであると言うよりほかはない。

二年授業テキスト2「かさこじぞう」第五時

田代勝巳

授業の流れ

❶ 教科書を音読する。

❷「市」が立っていた日時を確認する。

❸「じいさまはじぞうさまを見て、すぐにかさこをかぶせたのか」を検討する。「ここで思いついた」ということがわかる言葉に気づかせる。

❹「じぞうさまが恩返しをしたのはなぜか」をノートに書き、討論する。

❺ じぞうさまが恩返しをした理由を、再びノートにまとめる。

自分の授業のよいところ・わるいところ

「全員起立」の指示で無駄なく、全体がすっと音読に入れた。また、前半はテンポよく問うことで、場面の状況を確認できた。追い読みのときには、教科書を両手で持たせて読ませている。子供に視線を送りながら進めているので、全員が集中して教科書を音読することができた。

　ただ、子供の考えをひろいながら、討論に結びつけようとしたが、途中、子供の意見を教師が勝手に解釈した場面がある。「じぞうさまは、なぜ恩返しをしたのか」を尋ねたとき、ある子は「じいさまは、かさこをかぶせる前に努力して売っていた」と発言した。それを教師が「じぞうさまを助けた」と解釈してしまっている。ここは、「なるほど。そうかもしれないね。」などの対応をして進めるべきであった。子供の言いたいことをきちんと理解し、対応する力に欠けている。

　さらに、ABCの三つの意見の整理の仕方、Aだけ意味（カテゴリー）の範囲がずれている。Aは「雪を落とした」というじいさまの具体的な行動として取り上げ、討論させていくべきであった。

発問・指示

（授業のはじめは漢字指導、「春の七草」「秋の七草」などの暗唱を行う。）

T：教科書の七二ページを出します。場面が変わって市に行くところ。七二ページ。

T：じゃあ、全員起立。七二、七三ページを読みます。

T：七三（ページ）まで。

（子供が音読する。）

伴一孝のコメント

◀「七二ページ」と指定したあとで、漢字指導の際の板書を消している。逆は駄目だ。授業に「空白」が生じる。これが荒れの元だ。
また、映像では、黒板消しが、通常学校で支給されている物より長いことがわかる。一度に消せる範囲が広い。時間短縮用に、教師が自費で用意した物だ。

▶「七三ページまで」と音読範囲の指定をする。そのときに教師用教科書を子供たちの方に向けて「視覚」で指示を強化している。

▶「起立して指定範囲を音読させる（終わったら着席させる）」これだけで子供たちは音読に集中せざるを得なくなる。立たせなければ、読まない子たちはそのままスルーする。他のことをやっている。

T：はい、そこまでです。

七二、七三（ページ）の場所はどこですか。漢字一文字。場所はどこですか。漢字一字。

C1：「町」

T：そうだな。「町」って書いてあります。この町には何が立っていましたか。

C：「二年越しの市」

T：「年越しの市」ね。大年の市ね。

ということは、この日は何月何日でしょうか。何月何日でしょうか。「年越し」ということは？

C：一二月三一日。

T：そうね、一二月三一日。大晦日という意味ですよ。これは、年越しを迎えるその前の日だから、大晦日といいます。

T：七三ページの最後から、追い読み（をします）。

先生のあと、ついて読みますよ。

はい、教科書持って、両手で持つ。

いくぞ。いちばん最後ね。

（教師のあとを追い読みする。）

T：じゃあ、この場面で問題です。

じいさまは、じぞうさまを見たらすぐに、か

▲「漢字一字」と指定するだけで子供たちは考えやすくなる。指定しなければ、答えが長い・短いと様々になる。多様に出させる場合はよいが、ここは確認するためなので、文字数指定が有効である。

▲「年越し」の意味は、もう少し詳しく説明を加えてよい。数直線で「晦日」「大晦日」「元旦」「年越し」等の意味を視覚的にインプットする。

▲「追い読み」に変化させている。子供たちに繰り返し読ませるためには、様々な音読形態を教師が持っておく必要がある。「追い読み」すら、させない教師も多い。読めない子はそのままだ。無責任である。

さこをかぶせたんですか。じぞうさまを見たら、すぐにかさこをかぶせたんですか。

すぐにかぶせたんだと思う人？

C2：違うよ。

T：え、違うの？

C2：「ふと顔をあげると」

T：うん、「ふと顔を上げると」でしょ。そのとき、じぞうさまが立ってたんだよね。そのじぞうさまを見て、「あ、かわいそう」と思って、かさこをかぶせた。いい？ それでいい？ すぐ、かぶせた？

じぞうさまを見て、すぐかぶせた？ それに賛成？

いや、違う？ 違うって人（挙手させる）？

どうして？ どう書いてあるの？

（子供が手を挙げる。）

T：どう書いてあるの？ ○○さん、どうぞ。

（子供が答えるが、聞き取れない。）

T：ん？ じゃ、やっぱり、すぐだ。じぞうさまを見て、すぐかぶせた。それでいいんだね。

C1：つららとかを下げてるから。頭とか、なでて

▲「すぐにかさこをかぶせたかどうか」は悪くない発問である。子供たちに意図的に「ゆさぶり」をかけている。そのために、ここでしばらく時間を取って応答している。しかし、「すぐに」には二通りの意味がある。「出会った瞬間に一体目にかぶせた」と「全体に瞬時にかぶせた」である。後者は無理である。よって「すぐにかぶせた」のではないと考える子たちがいる。ここで授業者の意図と若干のズレが生じる。日本語は、特に語意が何通りにも取れる場合が多い。注意が必要だ。

やって、思いついて、かさこをかぶせた。
T：C_1さんのでいい？
C：うん。
T：「思いついた」（ことがわかる）言葉があります。平仮名四文字。「こういうときに思いついた」という言葉があります。平仮名四文字。わかった人？
「ここで思いついたんだな」という言葉があります。探してごらん。平仮名四文字で、「ここでじいさんが思いついたんだな」というのが、わかる言葉があります。正確に。
T：二人、気がついたな。
わかった？　よく見てごらん。教科書ってのはね。答えが教科書に書いてある。ある言葉。
（わかった子が出はじめる。）
T：はい、○○さん。
C：「かさこをかぶってござっしゃれ」
T：四文字。四文字。○○さん、最初の文字は何？
C_2：「う」
T：「う」じゃない。「う」じゃない。
C_1：はい、はい。

▲「そうじゃ」に気づかせるための展開である。ならば、出会いから別れまでを数直線で表し、「そうじゃ」はどのあたりでの発語かを問えばよい。当然子供たちの意見は割れる。そこを検討させる。「すぐに」という語義の曖昧さも排除できるだろう。

T：最初の文字だけ言ってみて。
C_1：「そ」
T：「そ」。「そ」です。「そ」で始まる言葉、探して。見つけた？　見つけた？
「あ、ここで思いついたんだ」というのが、わかるんだよ。
「そ」、わかった？　そこを指さしてごらん。
「そ」四文字だよ。
（全員に「そ」で始まる言葉を見つけさせる。）
T：みんなで言います。さんはい。
C：「そうじゃ」
T：ね、ここで思いついたんだね。「そうじゃ」。
それで、かさをかぶせました。
T：そのかさってのは、おじいさんにとって、どうでもいいかさですか。
C：どうでもいい。
T：どうでもいいかさだよね。どうでもいいかさだ。だから、かぶせてやった。
C：ううん。
T：ううん？　違う？

▲「そ」の一文字を確定して、子供たちに指を置かせることで確認している。この技術で学級全体を巻き込んで「そうじゃ」に集約させている。

じゃあ、聞くよ。あのね、だって、じぞうさまにかぶせたんだから、もうおじいさんにとって、どうでもいいかさ。いや、そうじゃない。どっち?

聞きます。どうでもいいかさだと思う人?

T:(人数を数える。)一人。

いや、そうじゃないという人?

(子供が手を挙げる。)

T:じゃ、その証拠を探しなさい。

そう考えるからには証拠があります。

そう、ちゃんと証拠がある。どうでもいいかさなのか、それとも大事なかさなのか。どっちでしょうか。

ちゃんと証拠が書いてありますよ。

はい、○○さんも、その証拠を探して。

あとで、また変わるかもしれないけど。

思うだけじゃだめなんだよ。証拠を探しなさい。

どうでもいいかさなんですか。それともまだ大事なかさなんですか。証拠を探しなさい。

▲「どうでもいいかさ」という連続で子供たちに「ゆさぶり」をかける発問である。これは低学年の授業で多用される。フックをかけて子供たちの意見を引き出すのである。

▲「どうでもいい」を三度繰り返してゆさぶり、「そうではない」という子供たちに「証拠を探しなさい」と畳みかけている。こうすることで、教科書(文章)に眼を向けさせる。国語科では必須の技術である。

▲「思うだけじゃ駄目」「ちゃんと書いてある」と圧をかけている。学齢が低い子ほど、文章から離れて主観で意見を述べる。繰り返し「文章に還る」ことを柔らかく指導することが大切である。

(子供が教科書から探す。)

(わかった子が、教師に教科書を持ってくる。)

T:(子供のノートを見て)ちゃんと書いてあるよな。書いてあるんだよ。どうでもいいかさなのか。大切なかさなのか。

T:じゃあ、どうでもいいという(意見の)人が書けたら、始めるよ。

○○さんと○○さんが言えたらね。

証拠がないのに、勝手に思ってちゃだめだよ。証拠を探しなさいね。思うのは自由だけど、証拠がちゃんと書いてある。これは、答えがはっきりしている。

T:○○さん、言える?　じゃあ、○○さんから。聞いて。「どうでもいい」(という意見)だよね。

はい、その理由。

▲証拠を見つけた子供が、教師は指示をしていないのに前に出て、教科書を持ってきて示している。教師は優しく褒めて応対している。誠に微笑ましい光景である。教室とは、このように温かさに包まれた場所なのである。

▲「勝手に思ってちゃ駄目」「思うのは自由」一見矛盾した文言だ。しかし、頭に「授業では」という文言を付けると納得がいく。授業では「思うのは自由」だが「証拠なしに思うのは駄目(無効)」。よって表明するに足らないと言っているのだ。子供たちは繰り返し教わることで、このルールを体得していく。

C：売り物のかさでも、町の人が買わなかったから。

T：町の人が買わなかったから。他にありますか。○○さん。

C：売り物のかさだから。

T：売り物のかさだから、どうでもいいの？ だから、どうでもいい。なるほどね。はい、それに対して。C_2さんからいこうか。

C_2：売り物のかさでも、もちこ（餅）を買うかさなんだから、どうでもよくない。

T：もう一回、言って。

C_2：売り物のかさでも、もちこを買うかさなんだから、どうでもよくない。

T：もちこを買うためのかさだから。C_1さん、続けて。

C_1：教科書に。

T：何ページ？

C_1：七五ページのいちばん最初の「じいさまは、売り物のかさをじぞうさまにかぶせると」。「じいさまは、売り物のかさをじぞうさまにかぶせると」、だから売り物のかさ。

T：売り物ってことは、まだ売れるかもしれない。ということだよね。大晦日には売れなかったけ

▲「町の人が買わなかったからどうでもよい」と「売り物のかさだからどうでもよい」という発言は「どうでもよい」という教師の言葉を誤解している。前者は「自暴自棄」、後者は「固定資産ではない」という意味だ。双方、間違いではない。

▲「もちこを買うかさだから（どうでもよくない）」という発言も二通りに取れる。「これからも売るから」という「意志」の意味と、「いずれ売れるだろうから」という「期待」の意味である。教師の意図としては「売れるかさ（資産）」を地蔵様に「提供」したことの「道義的価値（無償の愛）」を理解させたい。ならば、ここは先の二人の発言と絡めて「も

ど、売るために作ったかさだから、どうでもいいかさとは、違いますね。それでいいかな？ どうでもいいとは違うね。まだ、売り物の品だから。

C_2：すぐ終わったじゃん、この討論。

T：これは、討論にならなくていいよ。

T：じゃ、このあと、じぞうさまは、じいさんとばあさんに恩返しをしますね。あの恩返しをした理由は何ですか？ どうして恩返しをしたのかな？ じぞうさまは。

C：雪に埋もれてて。かさをかぶせて、恩返しをした。

T：かさこをかぶせたから。それ以外にありますか？ かさこをかぶせたから、それ以外。○○さん。

C：雪に埋もれてたのを助けたから。

T：それは、かさこをかぶせたこと？ それ以外、ありますか。じいさまが何をしたか。C_2さん。

C_2：おつむの雪を落とした。

T：雪を落としたから。かさこをかぶせたから。

うかさは売らないから、じさまは地蔵様にあげたのだね」とゆさぶるべきだろう。

▲「恩返しをした理由」を問うている。これが本時のメイン発問である。

他に。

C_1：じいさまは、かさこをかぶせる前に、努力して売ってたから。

T：○○さんは、それをもとに「助けた」と言ったんだね。

じゃあ、いろいろ助けてあげた。かさこをかぶせたから。

C_2：手ぬぐい。

T：手ぬぐいもあるな。どれだろう？

じぞうさまが恩返しをしようと考えたのは、思ったのは、A、B、Cのどれですか。一つ決めてね。

板書　A　たすけてあげた

　　　B　かさこ

　　　C　手ぬぐい

T：はい、手を挙げてね。Aだと思う人？　一、二。（人数を数える。）

かさこをかぶせたから？　「かさこじぞう」だから、かさこ？　いないの？

はい、じゃあ、手ぬぐい？

C_2：おれ、かさこ。

T：ちょっと待って。かさこ？　かさこ（という

メイン発問の理由は、いくつも考えられる。子供たちに意見を出させて、教師が選択肢を設定している。最初は「雪に埋もれて」だから「雪を落とした」である。ここを教師が「助けてあげた」と括ってしまっている。次が「かさをかぶせた」。次が「手ぬぐい」となる。明らかにカテゴリー違いである。選択肢は教師が用意すればよかった。

▲挙手で人数分布を確認する段階で「かさこ」が少ないことに戸惑っている。選択肢に問題がある上に「一つ決めてね」と限定したことから生じたバグである。

意見）の人は？　一、二。（人数を数える。）いいね。

じゃあ、手ぬぐいは一四（人）。

はい、じゃあ、理由を書きなさい。

えっとね、まず、これ、書こう。

「じぞうさまはなぜ恩返しをしたのか。」（板書する）

これ、書いて。ミニ定規。赤鉛筆。囲む。

T：どれか決めて、理由を書きなさい。

（子供がノートに書く。）

T：教科書から証拠を探すんだよ。このページだけじゃなくてもいいよ。後ろの方でもいいから、証拠を探しなさい。

（C_1が教科書を見せに来る。証拠が見つかったら、理由を書くように促す。）

T：そのページだけじゃ、わからないかもしれないよ。いろいろなところから証拠を探しなさい。題名でもいいよな。

C_2：（つぶやく。）「かさこ」って書いてある。手ぬぐいなんて、何にも関係ない。

▲「理由を書きなさい」という指示は間違っていない。しかし、この段階では子供たちは書けない。発問の選択肢にカテゴリー違いがあるからだ。「A たすけてあげた」は「B かさこ」と「C 手ぬぐい」を内包する。よってBかCを選択した子たちは、Aを否定する材料を探さなければならなくなる。論理的矛盾が生じるので無理なのだ。

▲これは子供の発言を受けての発語だが、考える手がかりを掴めない子供たちにとっては唯一の助けとなってしまっている。

（教師が机間巡視をする。）

T：じゃあ、もう一度、人数を確認します。

自分の仲間を確認してね。

いろいろ助けてあげたからだという人？

（子供が手を挙げる。）三人か。

いや、かさこ（という人）？

（かさこという意見の子が挙手をする。）

増えたな。

手ぬぐい？（一人が手を挙げる。）

一（人）。いいね、一人でもがんばれよ。

板書　A　たすけてあげた　二→三

B　かさこ　二→一四

C　手ぬぐい　一四→一

T：じゃあ、仲間同士、相談してもいいです。

はい、どうぞ。

（子供同士で相談を始める。）

T：じゃあ、討論の形にしよう。

今ね、手ぬぐい（という意見の人）が、いなくなっ

▲映像では、子供たちから「もう一度確認」の声が出ている。「手ぬぐい」から「かさこ」に変わった子たちである。証拠を探せないので「題名でもいい」という教師の発語に反応したのである。

▲ある意味で教師の意図する意見分布に落とせた。子供たちが鍛えられた良い学級なので、自由な話し合いから討論の形に移行できている。「はっきりした答えがあるのかな？」と疑問を発する子もいるが、教師は「証拠があります」と断言している。

たかもしれない。

○○さんが、ちょっと変わったみたいだけど、

もし、あとで手ぬぐいに変わった人がいたら、

そう教えてくださいね。

じゃあ、A（の意見の人）から。

C：助けてあげたからだと思います。わけは、じいさまは、じぞうさまにやさしくしたから、じぞうさまは恩返しをしたんだと思います。

C：助けてあげたからだと思います。じぞうさまの頭や肩などを、なでてあげたからです。

T：頭や背などをなでてあげたということね。

T：変わったの？　言わなくていい？　いいですか？

はい、それに対して、かさこ。かさこ派、どうぞ。

C：「かさこ」ってあるからだ。

T：題名にね。書いてあるから。

C：…。

T：もう一回、言って。

C：七九ページに…。

T：そういうときにね。「七九ページを見てください」って言うの。

▲「なでた」ということが「たすけてあげた」の中に入ってしまっている。ならば「かさこ」も「手ぬぐい」も同様に「たすけてあげた」の中に入ってしまう。

▲「かさこ派」の子たちは、まず「手ぬぐい」と「かさこ」の違いを説明しなければならない。さらに「なでた」と「かさこ（をかぶせた）」の違いを説明しなければならない。非常に難しい話である。

C：七九ページを見てください。

T：みんな、七九ページを見る。

C：「かさこをかぶせた」って書いてあるからです。

C：Bだと思います。わけは、じいさまは、かさこをかぶせて…。

T：かさこ派、どうですか。同じ意見でもいいよ。似ているものでもいいから、どんどん言いなさい。

C_2：かさこをかぶせただけじゃあ、あまった手ぬぐいを、しょうがなくかぶせただけで、手ぬぐいはあまり関係ないと思います。

T：手ぬぐいは関係ないんだ。しょうがなくだから。そういうことね。だから、かさこだと言うのね。

わかった。他にどうですか。

T：この先、討論だけど、できるかな？　言えるか？　何でもいいから言ってみる。

よし、じゃあ、討論開始。

C_2：助けてあげた（という意見）に反対です。助けてあげて…。だって、助けた、おつむを落としただけで、助けてあげて、また雪が降ってくると思うし、おつむを落としただけじゃ、また、

▲「手ぬぐい」を「しょうがなく」かぶせたのだから、「かさこ」をかぶせたのとは重みが違うという論法である。

▲「また雪がふってくる」から「おつむを落とした」だけでは駄目という意見である。これは「雪を落とす」という応急処置よりも「かさをかぶせる」という恒久処置の方が優れているという意味だ。とても良い意見だが、「たすける」という言葉で括ってしまったために見えにくくなっている。

雪が降ってくるから違うと思います。

C：Bだと思います。わけは、題名に「かさこ」と書いてあるからです。

C：かさこの人に質問です。題名は関係ないと思います。

T：質問じゃなくて、意見。ちょっと待ってね。「関係ない」というのは、このあいだも言ったけど、それを言うときりがないので、それはやめよう。「関係ない」というのは、理由としてはやめよう。「関係ない」という発言はやめよう。

はい、別の意見でどうぞ。

C_2：異議あり。「関係ない」という発言は、意味がありません。

C：Bだと思います。

T：はっきり言って、聞こえない。

C：Bだと思います。わけは、題名に「かさこ」って書いてあるからです。

T：三秒以上、間をあけちゃだめだよ。そこで終了しちゃうぞ。どんどん言いなさい。

C_1：「助けてあげた」（と考えた人）に質問です。わけは、「助けてあげた」は、全部のことを助けたって言ってるんだったら、じゃあ、かさこ

▲「関係ない」という言い方は駄目である。これは第三時にも教師が言っている。子供たちは、どこかで覚えた言葉や言い回しを、とりあえず使ってみようとする。教師は常にこれに敏感でなければならない。それができない教師は、「いじめ」や「差別」、はては「（言葉の）暴力」にすら鈍感である。この教室では、そういう事態は生じない。教師が注意深く何度も手を入れているからである。

を売りに行っても、助けてないんですか。

T：もう一回、言ってみて。

C1：「助けてあげた」っていうことは、全部のことを「助けてあげた」っていうことだから、あれでしょ、かさこをかぶせたり…。

T：それ全部、ひっくるめてっていうこと。

C1：うん。ってことだから、そうなると、かさこをかぶせたとか、手ぬぐいをやったとかが、全部消えちゃうから、それは違うんじゃないですか。

T：この「助けた」というのは、全部含まれるんじゃないかってことね。そういうことだ。つまり、これも助けた。これも助けた。入る？

T：（「助けた」という意見を出した子に）○○さんは、別？　これとは別ってこと？　どっち？　これも含めて、「助けた」にしていいの？　これも助けたことになる？　助けたことになる？

C1：そうしたら、俺たちの選んだの、なくなるでしょ。

T：（BとCの選択肢に絞ることにして）問題は、これ（BとC）だ。いいかな、みんな。かさこをかぶせたからな

「たすけてあげた」は「全部のことを言っている」という意見は本質を突いている。「全部消えちゃう」という言い方も的を射ている。非常に知性の高い子である。だから「はっきりした答えがあるのか」と発語していたのだ。おそらく同じ子たちだろう。

ここでBとCに絞ったのは正解である。最初からこの方法でも良かったが、Aを「なでる（雪を落とす）」にすればもっと良かったはずである。そうすればカテゴリー違いにはならないからだ。私ならば、この三つに順位を付けさせる。もしくは「なくてもよい行為」を選ばせる。

のか、それとも、手ぬぐいをかぶせたからなのか。

さっきC2さんは、「どうでもいい」と言ったよね。じゃあ、BかCかでいったら、どちらかなんですか？

ちょっと待って、これ、聞くぞ。人数、教えて。もう一回、考えて。

「かさこを五人のじぞうさまにかぶせたから。」いや、「手ぬぐいをかぶせたからだ。」さあ、どうだ？

どっちかに手を挙げるんだよ。人の顔を見て、手を挙げるんじゃないよ。自分でね。

かさこ？　（子供が手を挙げる。）

手ぬぐい？

手ぬぐい、一人もなし。一人もなし。みんな、かさこ。

C1：待って、待って。（手を挙げる。）

T：手ぬぐい？

C1：うん。

T：そうならなくっちゃ。

板書　A　たすけてあげた　二→三→〇
　　　B　かさこ　二→一四→一七
　　　C　手ぬぐい　一四→一→一

C_2：も～。めんどくさい。

T：じゃあ、C_1さん、言ってごらん。

C_2：も～、しぶとい。

C_1：手ぬぐいだと思います。わけは、かさこはふつうにあったけど、じいさまは、自分のものまでじぞうさまにかぶせて、それをじぞうさまは、…それでうれしかったから、それよりも大きいお返しをしたんじゃないですか。

T：反論ないの？　じゃあ、みんなCに移動？

C：え？

T：みんな（かさこという意見の人）は、（反論）ないの？

C_2：今、C_1さん、何て言ったの？

T：短くまとめて言うと、どういうことだ？

C_1：じいさまは、自分のこともほったらかして、じぞうさまのことだけを考えて、やっていたということ。

T：C_2さん、わかった？　自分のことがどうでもいいから、手ぬぐいをとっちゃうと。自分はぬれちゃうのに、その手ぬぐいまでとってやったから、だから、じぞうさまは恩返しをしたんだ。さあ、どうですか？　それに対して。

C_2：手ぬぐいは、あんまりよくないと思います。わけは、「おらのでわりいが」と書いてあるからです。

C_1：「おらので、こらえてくだされ」っていうことは、自分のでなんか、汚いかもしれないけど、ってことだからです。

C_2：汚いんだったら、悪いじゃん。

C_1：汚いかもだよ。でも、それでお返しをしてくれたよ。

C_2：でも、かさこは……。

T：七九ページを見てください。七九ページに証拠があるはずです。そこをもとにして、意見を言いなさい。〇〇さんの（意見は）わかった。七九ページに、「かさことって」とあるから、かさこなんだ。それ以外でありませんか？　よく見てごらん。

C：証拠、見つけた。

T：見つけた？　見つけたらどうぞ。

C：「かさことってかぶせた。」

▲「面倒くさい」という子供の発語にはいくつかの意味がある。「わかり切っている」「話が変わっている」「論点が見出しにくい」と言った意味である。討論の前の布石の段階で私が示したように「もうかさは売らないから、じさまは地蔵様にあげたのだね」をおさえていれば、子供たちは「かさ」と「手ぬぐい」の価値の違いに言及しただろう。それだけの力がある子供たちである。

T：それ以外。ありませんか。よ〜く見てごらん。
　○○さん、どうぞ。
C：その、「かさことってかぶせた。」
T：「かさことってかぶせた」ね。
　それ以外ありませんか。
C1：六人のじぞうさま、六人のじぞうさまってことは、かさことってかぶせた六人のじぞうは、かさこは全部で五こ。だから、五このかさこをかぶったけど、自分のことを見捨ててやったってことは、自分のかさこを、じいさまは自分のことよりも、あの含めてやったんじゃないですか。
T：六人って書いてある。五人じゃない、六人だ。もう一度、聞きますよ。「かさことって」って書いてあるから、かさこなんだ。いや、そうじゃない。六人って書いてあるんだから、手ぬぐいをかぶせたじぞうさまも入っているから、だから、手ぬぐいなんだ。
　どっちでしょうね。
　かさこ？　いや、手ぬぐい？（挙手させる。）
　ちょっと、手ぬぐいになったな。

（板書）　C　手ぬぐい　一→二
　　　　　B　かさこ　　一七→一六

T：はい、じゃ、残り五分です。もう一度、自分の理由をまとめておきなさい。きれいに書いてね。

　明日、続きを行います。

（何人かの子供がつぶやいている。ノートに理由を書く。）

▲最後に自分の考えを書かせる時間をきちんと取っている。これは「頭の熱いうちに」ノートに記すことの大切さを教師が理解しているからだ。上にノートの画

国語科の発問の何割かは「答えがない」ものである。社会科も同様だ。「解が特定できない」「解釈の違いにこそ意味がある」ここが教科的特質なのだ。本時の場合も同じ。「かさ」なのか「手ぬぐい」なのか、それは特定できない。「（地蔵様の）意図は書かれていない」からだ。書かれていないことは想像するしかない。それでよいのである。

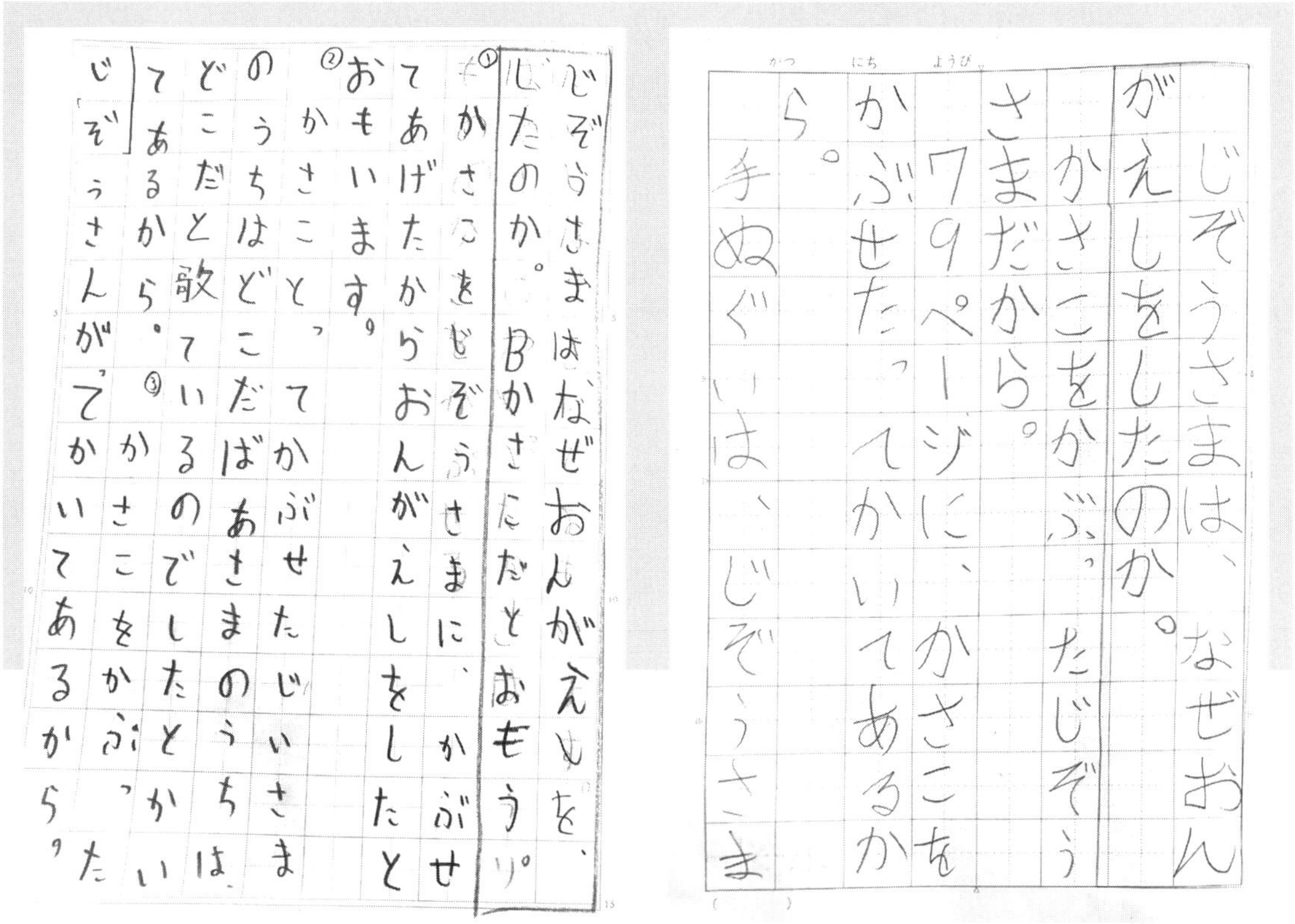
じぞうさまはなぜおんがえしを
したのか。Bかさこだとおもうリ
①かさこをじぞうさまに、かぶせ
てあげたからおんがえしをしたと
おもいます。
②かさことってかぶせたじいさま
のうちはどこだばあさまのうちは
どこだと歌っているのでしたとかい
てあるから。③かさこをかぶったい
じぞうさんがでかいてあるから。
じぞうさまは、なぜおん
がえしをしたのか。
かさこをかぶったじぞう
さまだから。
79ページに、かさこを
かぶせたってかいてあるか
ら。
手ぬぐいは、じぞうさま

子供のノート

T：今、Bの人が多いけど、六人について説明しなさいね。かさこをかぶせたのは五人だ。六人って書いてあるのを、どう説明するんですかね。

T：考えを書いたら、ノートを出しておいてください。

（授業終了）

像が掲示されている。二年生でこのように自分の考えをビッシリと書かせる国語の授業は滅多にないだろう。ワークシートを埋めさせるだけの授業の数倍の技量を要する。ノートは、その学級のレベルを表す。ノートを見れば、指導した教師の力量も顕わになるのである。

伴一孝より

授業全体について

第三時に比べて、子供たちが不安定である。おそらく本時の授業以外にも要因がある。授業は生き物であるから、それはどこにでもよくあることだ。私は映像も視聴しながら解説しているので、文字列だけ観ている読者とは情報量がまるで違う。やはり良い学級である。田代氏は教態が抜群である。身嗜み・身のこなし・受け答え・笑顔・声の張り等々、いずれも一級だ。このような教師に一年間教えられる子供たちは幸せである。二年生なのに「答えはあるのか？」と平気で口にできる。こんな自由でのびのびとした学級を作れる教師は、日本の教師一〇〇万人のうち、ほんの数名に過ぎない。

二年授業テキスト3「お手紙」第九時

小田哲也

授業の流れ

❶ 教科書を音読する。
❷「がまくんが、いちばん感動したところはどこか」を発表し、その理由をノートに書く。
❸ 教師の意見を伝え、「それと同じか、異なるか」を発表する。
❹ 同じ意見の子供たちで集まり、理由を話し合う。
❺ 理由を発表する。

自分の授業のよいところ・わるいところ

研究授業での「お手紙」の授業である。自分の意見に理由をつけて、発表することをねらいとした。そのために、意見が分かれる発問「がまくんが、いちばん感動したところは『きみが』のところだろうか。それとも、違うところだろうか」を、子供たちに投げかけた。

低学年のため、話し合いの内容がわかりやすいものになるように、「先生は、『きみが』のところだと思う」と揺さぶりをかけた。その結果、「『きみが』ではない」という、教師と違う意見の子供のやる気に火がつき、活発な話し合いができた。

授業のマイナス点は、全ての子供が自分の意見をノートに長く書く時間を設定できなかったことである。話し合いを深めるためには、一ページも二ページも全員が意見を書いておかなければならない。今回は、書く時間をあまり設定できず、勉強の苦手な子は四～五行程度しか書けていなかった。

発問・指示

（授業のはじめは、めあての確認、「お手紙」の音読を行う。前の時間では、がまくんがいちばん感動したところを考えている。）

T：みなさん、今日は「がまくんがいちばん感動したところ」だね。

いちばん、がまくんがいちばんね。

（前回の授業で）がまくんがいちばん感動したところを、みなさん、教科書に線を引いて、ノートにもいろいろ書いたね。

一つ目がどこだったかな？

C：「きみが」

T：「きみが」だった人、手を挙げて。

（子供が挙手する。）

伴一孝のコメント

▲この学校では「授業開始の挨拶」と「めあての板書および確認」を全職員に強要しているらしい。本書に収められた全授業の中で、ここだけである。時代錯誤のおかしな形式主義である。小田氏は、挨拶は自分の号令で軽く行う。「めあて」も休み時間中にあらかじめ板書しておき、子供たちに読ませるだけですませている。理にかなった理不尽軽減法である。

▶最初に教師が板書している時間が余計である。おそらくこれも「板書計画」等で縛られているのであろう。子供の音読スピードも大変遅い。形式を重んじる空気、圧力を感じる。

▶「がまくんがいちばん感動したところ」という本時のテーマ、意味不明である。それがなぜ国語の学習になるのかわからない。道徳の授業ではないのだ。

T：はい、じゃあ、みなさん、前を見て。

（黒板に書く指示をする。）一つ目、ここに「きみが」って書く。二つ目がここ。

T：（デジタル教科書を示しながら）これだな。

C：「ああ」

T：はい。「ああ」の意見の人。「ああ」がいちばん感動した人。

（子供が挙手する。）

はい、○○さん、前に書いて。2のところね。

三つ目。「とてもいいお手紙だ」って思った人。

（子供が挙手する。）

T：よし。○○さんはやい。○○さん、前に。

「とてもいいお手紙だ」って書いてね。

四つ目。「二人はげんかんの……お手紙が来るのを待っていました。」この意見を書いた人？

はい、じゃあ、○○さん（黒板に書いてください）。

T：五番目。「とても幸せな気持ちでそこにすわっていました。」はい、○○さん。「そこにすわっていました。」（と黒板に書いてください。）

はい、六番目。○○さん、「長いこと待っていました。」（と書いて）ね。

はい。最後七番目。「お手紙をもらって、がまくんはとてもよろこびました。」ここだー（という人）？

▲ここから子供に板書をさせている。これでよい。教師が書いている間は、子供を見られない。都合七名を次々に挙手指名し、子供たちに板書させている。板書位置は、子供たちが教科書音読をしている間に、間隔を空けてチョークで指定してある。このような工夫が大切だ。

（子供が挙手し、指名する。）

T：（子供の意見を見て）なんか同じところに何回も書いてる（人がいる）ぞ（笑）。自分が、一つ決めたところにしよう！　まあ、意見は変わってもいいですね。

はい、最後。「とても喜びました。」「とても喜びました。」（という意見の人）？

（子供が挙手し、指名する。）

T：じゃあ、みなさんはノートを開けて。

C：え、先生？（何を書くのか質問する子がいる。）

T：「とても喜びました。」（と書きます。）

（みなさんは、ノートに）理由をちょっと書いておこうね。理由を、どうしてそう思うのかをね。

（二分間ほど、子供たちが理由をノートに書く時間をとる。）

T：みなさんは、教科書やノートを見て、理由を考える。「どうしてそこがいちばんなのか」ね。

じゃあ、ちょっとだけ手を挙げて。人数を確

▲「感動したところ」の理由をノートに書かせている。子供たちは書けるのだろうか？　また書けたとして、その作業に意味があるのだろうか？　わからない。書けない子には「モデル」が示されていないから、それだけで「空白」が生じることになる。授業の冒頭から、やる気を失うのではないか。

認するね。どれか一回に手を挙げる。「きみが」だと思う人？　「きみが」。

（子供が手を挙げる。）

「ああ」（だと思う人）？　「ああ」が二人。「とてもいいお手紙」。一、二、三。（挙手した人数を数える。）

四番。「二人はげんかんに出て……待っていました。」四（人）？　四ね。「とてもしあわせな気もちでそこにすわっていました。」ここにしたよ（という人）？　はい。二（人）ね。

「長いこと待っていました。」（という人）？

C：え……？　一？（挙手したのが一人だった。）

T：いいんだよ。一人でも頑張ってね。

「とても喜びました。」（という人）？

（たくさん手が挙がる。）

T：おお、これ、めちゃくちゃ多いな！

（黒板に「多」と記入する。）

T：はい、みなさんがいろいろ考えてくれたんだけど、先生はここだと思う。がまくんがいちばん感動したところはね……。

▲七つの意見から、どれか一つを選ばせて挙手確認している。「一つを選ぶ」ということに意味があるとすれば、それは「意見対立」の企図である。

▲子供の意見に偏りがある。それでは「話し合い」が活発にならない。だから教師が「対立意見」を提示してみせる。教育技術的に見て、これは良い。問題は、それの教育的意味があるかどうかである。「技術」はプラスにもマイナスにも適用可能だ。国語科の授業において「感動したところ」の選定に意味はない。

（黒板に「きみが」と書く。）

C：え？　「きみが」？　なんで？

T：ここだ！

C：なんで？

T：だって、昨日さ、「きみが」の読み方、君たち練習したでしょ。そのとき、すごい感動してた

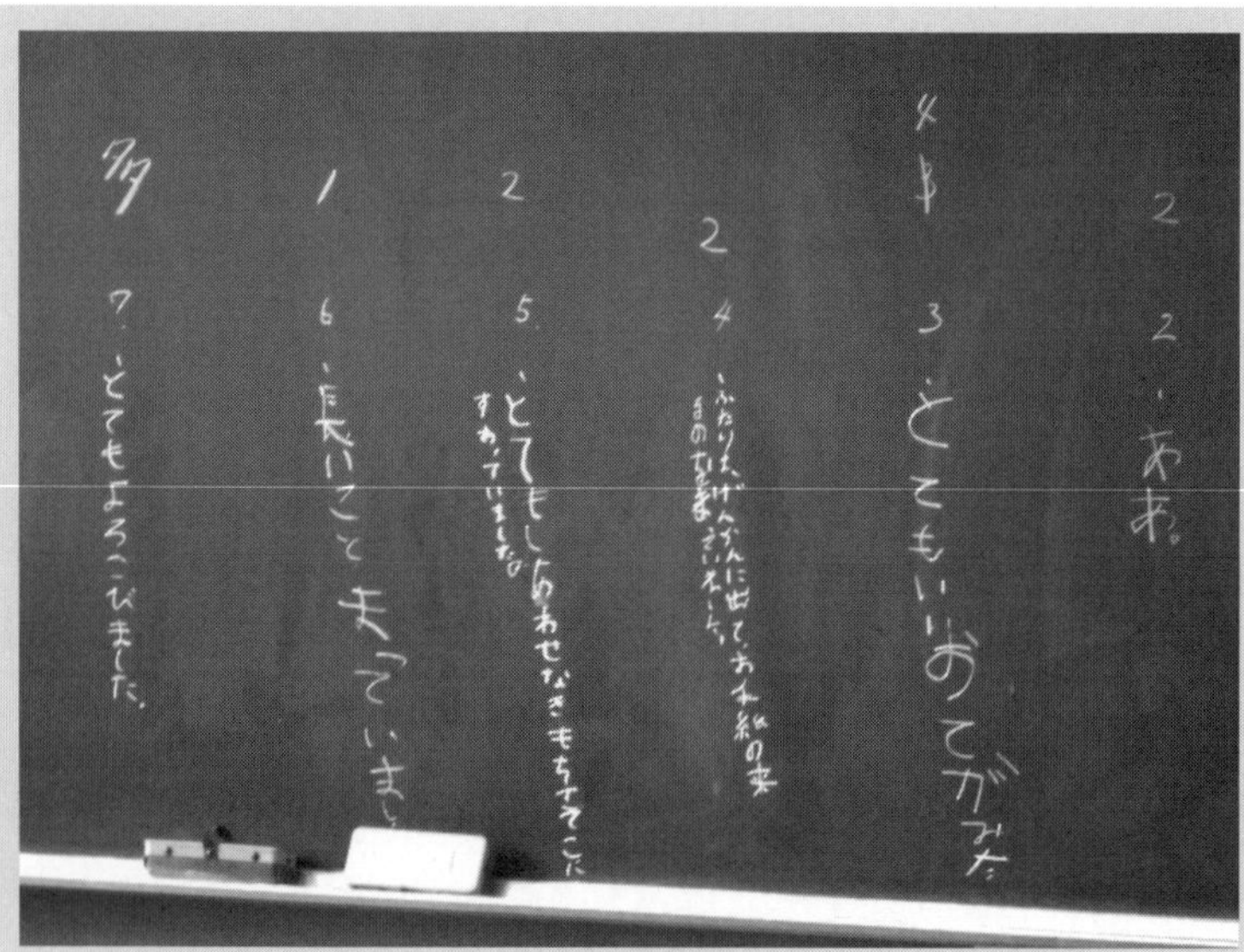

ように読めてた。だから、「きみが」が正解。

C：ええー！

T：ちがう？　じゃあ、「きみが」じゃないという人、手を挙げて。

C：はーい！

T：結構いっぱいいるなあ……。

「きみが」だと思う人？（何人か挙手する。）

意見、変わっていいからね。意見、変わっていいからね。

よし、じゃあ、こうします。今から、ちょっと話し合いをするぞ。

がまくんがいちばん感動したのは「きみが」のところなのか。違うところなのか。

ね、これを話し合う。いい？

ちょっとお隣の人に、「私はどっちよ」って言って（ごらん）。

（隣の子と話し合う。）

T：じゃあ、ちょっと、前（を）見て。もう一度、聞きます。

「きみが」の人、手（を）挙げて。「きみが」の人？

（子供たちが挙手する。）

▲そもそも「感動したところ」という意味が、主観・客観混同の低学年にはわからない。物語の中の人物がそうなのか、読者自分がそうなのかが区別できない（子供が多い）のである。よって「理由（根拠）」を問えば、土俵が違う意見が乱立して、わけがわからなくなる。授業構造自体がそうなっており、意図的であれば無駄。無作為であるならば罪だ。

T：増えたね。ちょっと増えた。少し。八人くらい。

C：九！　九！　九！

T：九人くらい。

「きみが」じゃないっていう人？　「きみが」ではない。

（子供たちが挙手する。）

C：「きみが」ではない。

T：「きみが」ではない人で、理由がある人いる？

理由が言える（人）。

はい、C_1さん。ちょっと、よく聞いといて。

（発表の仕方の例を示す。）「私は『きみが』ではありません。……」

C_1：わたしは「きみが」じゃありません。どうしてかというと、「きみが」のところは、えー、「喜びました」とか、他のところには書いているけど、「きみが」のところには書いていないからです。

T：じゃあ、C_1さんはどれ？

C：わたしは「とても…」。七番。

T：七番な。なるほどな。

「きみが」（という意見）の人で、理由が言える（人はいますか）？　「きみが」で言える人？

▲ここから典型的な「一問一答」型の問答に終始してしまう。誰もが幾度も経験するパターンだ。教師は求める「応え」を要求する。子供たちは応えたいが「育ち」がない。それを可能とするのは、特殊な「（見栄え）訓練」を受けた学級だけだ。この繰り返しを、八〇年やっている。

（子供たちが挙手する。）

はい、○○さん。最初から「きみが」だったもんね。

C：がまくんが、なんか、お手紙くれなくて寂しがってたから、かえるくんが……、あの……、ぼくがお手紙を出したってことを言ってしまったから、がまくんが、なんか……、それで感動したと思う。

T：ああ、やっぱり、「きみが」だ。

C：他にもあります。

T：やっぱり「きみが」。今のおかげで。

先生（の意見に賛成）ね？　いい？

じゃあ、みなさん、ちょっともう一回、それぞれで集まって話し合おう。

もう一回、手を挙げてね。「きみが」の人、手を挙げる。

（子供たちが挙手する。）

T：増えてる！　「きみが」の人は、（あとで）前に来て話すよ。まだよ、まだよ。

C：えー。

T：「きみが」（という意見の人）同士で集まってな。

じゃあ、「きみが」じゃない人、手を挙げて！

▲一つずつ詰めていくこの仕切りは良い。教師の権威がなければ、議論など収束しない。まして初等教育である。基礎・基本は、教師が示す。話し方、聞き方、接し方、その他全てである。「手本（モデリング）」なき教育は、大きな害を生む。

（子供たちが挙手する。）

T：その中でも、「ああ」（という意見）の人、手を挙げる！

C：はい！

T：はい。「ああ」（という意見）の人は、「ああ」で集まってもいいし、「ああ」じゃない人と集まってもいいですよ。

「とてもいいお手紙だ」だと思う人？　一緒に集まっていいからね。

（子供たちに挙手させていく。）

T：四番、「待っていました。」

（手を挙げる子がいない。）

ここ、いなくなったね。

五番。（一人手を挙げた子に）○○さん。いいぞ！

六番。まわり見てよ、まわり！

七番。七番、これが多いよね。

じゃあ、「きみが」じゃない人、もう一回手を挙げて。

「きみが」じゃない人は後ろの方に……、ちょっと後ろは行きづらいか。教室の真ん中あたり

▲「きみが」でない意見の子供たちを集約しようとする。個人の力ではなく、集団の圧力を利用する。二年生は「発表（発話）」を第一義とする。よって、このようにいくつもの手立てを使って、それを促しているのである。

板書

1　きみが
2　ああ
3　とてもいいお手紙だ
4　二人はげんかんの　……を待っていました
5　とても幸せな気持ちで　……すわっていました
6　長いこと　……まっていました
7　とてもよろこびました

に、（教師が自ら移動して）このへんで、このへんでな、このへんに集まって話をします。

じゃあ、ノート、教科書、持ってね。

どうしてそう思ったのか話し合う。

（子供たちが話し合いを一分半ほど行う。）

T：じゃあ、いったん席へ座りましょうか。座りましょう。

友達の意見を聞けたという人？

（数名が手を挙げる。）

T：ちょっと待ってね。みんな、お話ししたいでしょう。

一回、ノートに書く。じゃあ、鉛筆持って。

C：昨日書いたのが……。

T：昨日書いた続きでいい。「きみが」の人は、「きみが」だという理由を。「きみが」じゃない人は、「きみが」じゃない理由を書いてごらんなさい。

T：（昨日休んでいた子に声をかける。）○○さん、昨日いなかったから、今日、今から書けばいいからね。お隣さんと話してみてね。

T：（全体へ向かって）お友達が言ってたことを、もちろんまねして書いてもいいですよ。はい、

▲時間をとってノートに意見を書かせているのは良い。ただし「手本（モデリング）」がないので、書けない子はどのように書くのかがわからない。一般的な授業はこうなる。教師は「わかっている（優秀）」から、「（どの子も）書けるはず（書けるべき）」だと考える。実情はそうではない。モデリングがなければ何も書けない子が山ほどいる。その子たちにこそ、目を向けた方がよい。

▲「お隣さんと話してみる」は、「苦手な子は優秀な子に頭を下げて教えてもらえ」とほとんど同義である。柔らかい人間関係が築けていない学級では、厳しい事態が生じる。それをわかった上で、事前に入念な手入れ（仕事）を行った上で使うならば、有効な技術である。

じゃあ、ちょっと書く時間をとります。
理由を書いてごらん。
（子供たちが理由を書く。）
（書いている子供たちに向かって話す。）
T：お友達が言ってたのをね、参考にして書いていいからね。
T：（意見を）変えたい人は変えてくださいね。理由とかね、自分の意見もね。変わる人が出てくる。変わるのが出てくる。
T：はい。じゃあ、途中だけど、そこまでにしようか。昨日、書いたのもあるからね。
T：では、鉛筆、消しゴムを、筆箱の中に入れてください。
T：（ある子に向かって）すごいな。書いてるな。
T：昨日のも、あるからね。昨日のもね。では、一度、鉛筆、消しゴムを筆箱の中に入れなさい。定規も入れて。
T：それでは、話し合いをしていく。
先生は、絶対に「きみが」だと思うんだけどな。「きみが」じゃないかな？

T：はい。意見が変わった人もいるからね。

「きみが」の人、手を挙げて。

（子供が挙手する。）

はい。ちょっと増えたな。

「きみが」ではない（人）？

（子供が挙手する。）

「きみが」じゃない方から聞いてみようかな。

T：「きみが」じゃない方の、「ああ」の人？

（手が挙がらない。）

C：いない。ゼロ！

T：いない？　じゃあ、（「きみが」ではない人の意見の違いは）関係なしでいこうか。

「きみが」じゃない人で、意見言える人？

（手が挙がる。）

お！　すごい。じゃあ、その人たち、起立。

……ちょっと多いな。

じゃあ、一、二号車（教室の机の列のよび方）で、立ってる人にしようか。前に来て。

ちょっと、三号車、四号車（の人は）待っててね。はい。

（三人が、教室の前に出てくる。）

T：はい、じゃあ、「きみが」ではない人が意見を言うからね。

いちばん感動するところは、先生は「きみが」だと思うんだけど、この人たちは「違う」と言っています。その理由を、みんなは聞いてくださいね。

C：え？　ちがうの？（間違えた子がいる。）

T：（今は）「きみが」じゃない（意見の人）。

（間違えた子は、自分の席に戻る。）

T：（前の三人に向かって）はい、違う（という意見）をどうぞ。

C：私は五番です。どうしてかというと、今までお手紙をもらったことがなくって、楽しんでいたのが幸せな気持ち。だから、感動したところだと思います。

C：「お手紙をもらって、がまくんはとても喜びました。」のところは、「とても喜びました。」のところで、がまくんは感動したかもしれないからです。

C：僕は、「とても喜びました。」のところです。……「とても喜びました。」のところは、「喜び

子供たちは、ノートに書いた「意見」を発表していく。発言数的には見劣りしないレベルだろう。しかし、それは、「発表会」の研究授業であるならばだ。そういう研究授業に、意味があるのかどうかは、また別レベルの問題である。

ました」と書いているからです。お手紙をもらっていなかったがまくんが、お手紙がもらえたから、…（省略）…。

C_2：僕は、「違う」です。なぜかと……。

C：違う人、まだだよ。

C_2：え？　え？　違うの？

T：「きみが」じゃない？　「きみが」じゃない（という意見）？

C_2：あ、僕は、「違う」です。

T：「きみが」ではない（ということね）。

C_2：なぜかというと、「きみが」だけで、みんなは、感動みたいに言ったかもしれないけど、それはたまたまのことで、そのあとは嘘だと、がまくんが思ってしまうからです。

T：じゃあ、逆を聞いてみよう。あなたはどれ？　この中の。

C_2：五番。

T：五番ね。なんかちょっと、こっち（「きみが」ではない意見）に傾いてきたかな。

「きみが」の人（で意見を言いたい人）？

（子供たちに挙手させる。）

C：はい！

T：理由がある？　「きみが」が、やっぱりいちばん、先生、最初に感動したと思うんだよな。はい、じゃあ、一号車の三人。前に来て。

C：途中でもいいの？

T：はい。途中でもいいよ。これは、じゃあ、「きみが」の人たちね。

はい。「きみが」がいちばん感動してる（ところだという人、どうぞ）。

（三人が、教室の前に出てくる。）

C：ぼくは「きみが」だと思います。どうしてかというと、かえるくんが「だって、ぼくがきみにお手紙だしたんだもの。」と、……教科書、持ってきてなかった……。

T：うん。「お手紙だしたんだもの」で？

C：かえるくんが言ったら。

T：うん。

C：がまくんが、がまくんが……、「きみが」って……に言ったから、……「きみが」と思います。

（聞き取れない。）

T：次、いいよ。

C：がまくんは、誰からもお手紙をもらえなくて、かえるくんが「お手紙、ぼくが出したんだもの。」

と、そのことを言ってしまったから、それを聞いたがまくんが、感動したからだと思いました。

C：僕は、「きみが」です。どうしてかというと、かえるくんがお手紙を出すなんて思ってもいないから、がまくんは感動したと思います。

T：画面、見て。

（電子黒板を操作する。）

「だって、ぼくがきみにお手紙出したんだもの。」書いてるね？　今、言ったのは、ここがあるから、「きみが」がいちばん感動してるんじゃないのかなと言ってるね。

はい。いや、そうじゃない。「きみが」ではない（という意見）の人？

はい。言ってない人？　じゃあ、三号車、四号車で言ってない人、起立。

はい。（ノートに）書いて（あって、）言える人にしましょう。

言えるなら（ノートを）持ってきて、はい。

いいよ、前に来て。

（三人が、教室の前に出てくる。）

T：今、三人だな。はい（どうぞ）。

C：僕は、三番の「とてもいいお手紙だ。」です。理由は、「とてもいいお手紙だ。」と書いてあるから、あの…、がまくんが、感動したと思います。

C：私は、「とても喜びました。」のところです。どうしてかというと、とても、お手紙をくれると思っていないがまくんに、お手紙をくれたかえるくん…、くれたかえるくんがいて、本当にくれたと思うから、とても…、「とても喜びました。」のところです。

T：本当にくれた？　おおー。はい、どうぞ。

C_3：僕は、「きみが」は、驚いてるだけだから、違うと思いました。

C：C_3くん、何番？

C_3：僕、七番です。

T：驚いてるだけ？　あら、なんかすごい意見が出たな。こっち、驚いてるだけか？

そうだと思う人？

（子供に挙手させる。）

C：はーい。

T：感動はしてない？

C：感動はしてない！

T：もう喜んで、涙が出そうではない、ここは。
あれ？　そういうことか。

T：こっち（「きみが」）の人、意見ある？　こっちの人、意見は？
まだ、どうしても言いたい人？　これだけは言っとく（という人）？
（子供が手を挙げる。）
Cさん。いいよ。そこでいいよ。前で言いたい？　そこでもいいよ。
Cさん、どっち？

C：「きみが」。

T：「きみが」。どうして？

C：本当のことを、かえるくんが言った次に、言ったからです。

T：（デジタル教科書の該当する文を指しながら、）やっぱりさっきのここだな。これがあるから、次に続きがあるから、これ。

T：どうしても言いたい（人）？　はい、C_4さん。
C_4さん、どっち？　どっち？

C_4：「きみが」。

T：「きみが」。はい。

C_4：お手紙をもらったことがなかったら、「ぼくが、きみにお手紙出したんだよ」って言われたら、「きみが」って言うし、嬉しい気持ちにもなるし、ちょっと感動する気持ちにもなるから、「きみが」のところが感動したところと思います。

T：ちょっとC_4さんの（意見）は違うね。

C：うん。違う、違う。全然違う。

T：C_3さんの言ってた「驚く」だけでなく、これもあるか。

T：どうしても、まだ言いたい（人）？
はい。C_5さん。

C_5：僕は、「きみが」とは違うです。なぜかというと、「きみが」は、あれ、なんか、この……、なんか……、紙（おそらく手紙のこと）、紙、がまくんが、「紙なかったんじゃなかったけ～？」って思ったかもしれなかった。って、思ったかもしれないから、なんか、他のやつです。

T：「紙なかったんだ」っていうのは？

C_5：「きみ、紙なかったんじゃなかったっけ？」

T：「持ってないんじゃないかな」ってこと？
見てないからね。
（デジタル教科書や黒板の該当部分を指しなが

後半は、ほとんど「一問一答」になっている。これも本書でいくつか見られるパターンである。一般的な授業の通例であるが、これは「授業構造」がしっかりしていないことによる。最後は、教師が強引に「意図した方向」に収束しようとする。だから教師の発語が多くなる。そこだけ見ていれば、ほとんどの教師の技量は、ある意味で「計れる」のである。授業終末時に「発語」の多い教師は技量が低い。あるいは授業構造に弱さがある。このことについて、さらに検証してみたい。

ら、）だから、こういうふうには言われたけど、こっちな。

C_5：「きみが?」っていう馬鹿にした感じ。

T：あ！　ちょっとすごいな。「きみが」が、ちょっと違うな。
今のC_5さんの「きみが」は、驚きとか嬉しいでもない気持ちがあるのね。

C_5：「きみが〜?」とか。

T：うん。

C_5：馬鹿に……。なんか、言い方悪いけど、馬鹿にしているっぽい。

T：わかった。C_3さんや、C_4さんが言ったような「きみが」というと、ビックリマークが入る「きみが」。C_5さんの「きみが」はどれ？

C_5：「きみが〜?」

T：うん、「はてな」の。わかる？　「はてな」ってわかる？

C：うん。

C：わかんないこと。

T：「きみが」がちょっと違うね。こっちだったらどうなる？　（どういう言い方になる？）

C：（一斉に）「きみが！」

T：こっちだったらどうなる？

C：（一斉に）「きみが〜?」

T：おぉ〜。すごいな。

T：最後、じゃあ、もう一回聞いてみよう。
やっぱり「きみが」の方が、いちばん感動したんじゃないのかなって言う人、手を挙げて。
変わっていいから。
（子供が挙手する。）
よーし。

C：なんか、少ない数が多くなった。

T：いや、やっぱり、「きみが」じゃなくて、他のところだなっていう人？

C：はーい。（子供が挙手する。）

T：よし。わかった。

（授業終了）

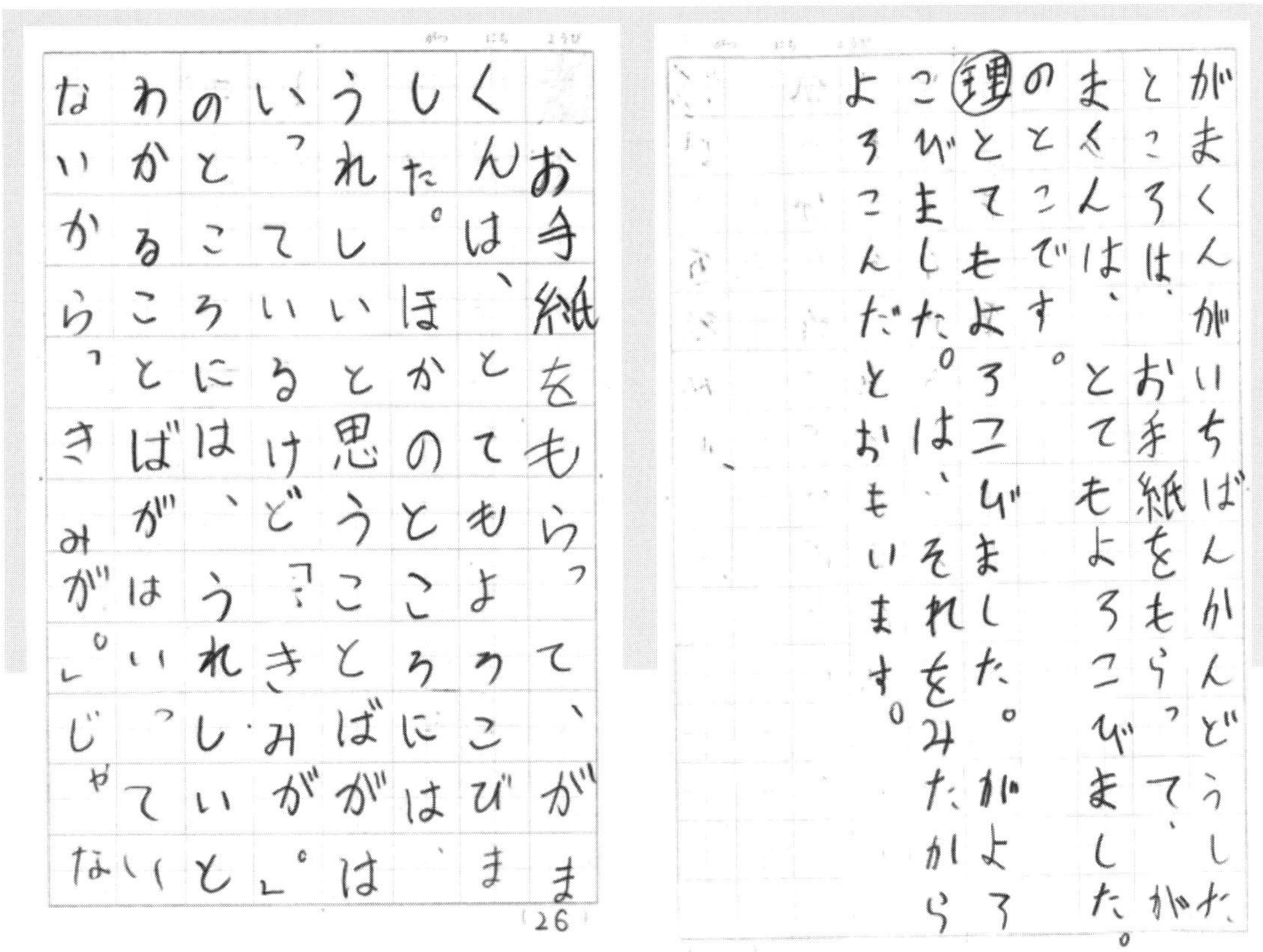
お手紙をもらって、がま
くんは、とてもよろこびま
した。ほかのところには、
うれしいと思うことばがは
いっているけど「きみが」。
のところには、うれしいと
わかることばがはいってい
ないから「きみが」。じゃな
（26）

がまくんがいちばんかんどうした
ところは、お手紙をもらって、が
まくんは、とてもよろこびました。
のところです。
理とてもよろこびました。がよろ
こびました。は、それをみたから
よろこんだとおもいます。

子供のノート

伴一孝より

授業全体について

小田氏の授業は、相当な「縛り」の上で展開されている。授業冒頭の映像を観ただけで、それがわかった。「(授業を)始めます」という無意味な形式的挨拶。「めあて(教育界にだけ残存する気色悪い特殊用語)」、さらにその斉唱という宗教儀式まがいのスタート。令和の日本に、まだこのような時代錯誤の教育文化が残存している。悲劇である。このような教育を続けている地方の子供たちは、時代の激動に耐えられず、スポイルされていく。その責任は偏に「教育(授業)」にある。小田氏の有する個々の教育技術や知見(誤りも含めて)の問題ではない。百害あって一利なしの「形式主義」を「強要」する「何か」が有害なのだ。

二年授業テキスト4「お手紙」

第十時

小田哲也

授業の流れ

❶「がまくんがいちばん感動したところ」を発表する。
❷いちばん感動したところをどのように読むかを考える。
❸一人で音読の練習をする。
❹二人組で音読し合い、相手の「感動したところ」を考える。
❺上手に音読できた児童が発表し、音読のしかたをまとめる。

自分の授業のよいところ・わるいところ

「がまくんが感動したところ」を表現につなげる学習である。自分が「いちばん感動した」と考えたところを、音声表現で隣の友達や全体に知らせるという流れにした。

　相手意識を高めるために、あえて「自分が考えた、がまくんがいちばん感動したと思うところ」を、相手に伝えないで音読をさせた。それによって、読む児童は感動したところが伝わるように読もうとし、聞く児童は読み手の表現をよく聞こうとするはずだ。

　授業では、勉強が苦手な子も、その子なりの解釈、その子なりの表現で、ペアの友達に読んで聞かせていた。代表児童を抽出し、音読させたときにも、どこが感動しているかを考えながら子供たちは聞き、あてようとしていた。低学年の音声表現を中心とした授業展開では、このような相手意識を高める工夫が必要であるといえる。

発問・指示

（前の授業からの続き。がまくんがいちばん感動したところについて、子供の意見が黒板に書いてある。子供に挙手させて、意見を確認したあとの場面から。）

T：みなさんが感動したところがそれぞれ違って、理由もあって、ちゃんと理由も言えました。理由も言えました。すごい。

だから、先生も、「きみが」かなと思ったけど、他のところでもいいなと思います。

でも、今、〇〇さん、〇〇さん、〇〇さんが言ってくれたように、「きみが」のところでもいろいろな読み方があるね。

いちばん感動したところを「きみが」って読むんだったら、ビックリマークでもいいですね。

（黒板に図①のようなグラフを書きながら、）いちばん感動したところが「きみが」だったら、ここがいちばんピコーンって上がってるよね。

で、あとは？　普通に、感動してる感じ？

（グラフの線を水平に書く。）

伴一孝のコメント

▲研究授業を二時間連続で行っているようである。映像では参観者が残っている。小田氏は右利きのはずだが、板書を左手で行っている。様々な要件の中で映像収録を行っているのだろう。よって、漢字練習・音読練習等はなく、自然にそのまま授業の続きを行っている。

▲小田氏の言う「ピコーン（感動の中心）」が、冒頭なのか終末なのかという整理場面である。短いほど良い。

C：うん。そう。

T：ここ（七番）の人はどうなる？　読み方。（「きみが」のところで）ビコーンって、なっていい？（グラフの上り下がりを擬音化しながら、）ビコーンってなって、あと、シューンでいい？

C：だめ。

T：ここ（七番）がいちばん？

C：強く。

T：強く読むね？

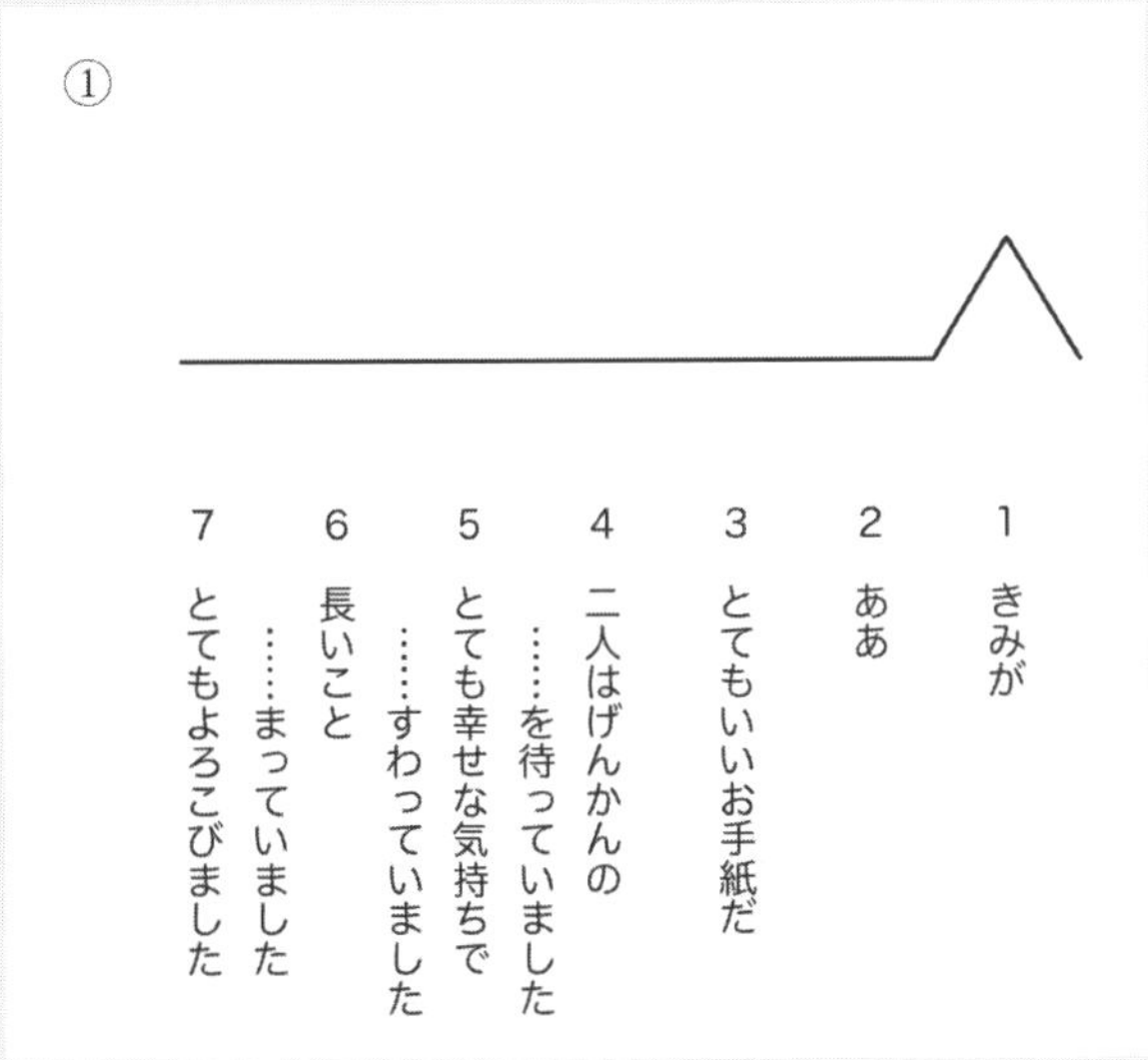

▲「自分がいちばん感動したところ」から話が変わってしまっている。前時「がまくんがいちばん感動したところ」だったはずだ。このように、語用の細部が変化してくる。敏感な子供はこれを察知して、混乱してしまう。

C：うん。強く。

T：（黒板にグラフを書きながら、）ということは、ここ（最初の方）も、もちろん感動はしているけど、感動してる最後がいちばん？

C：うおお〜。ぐわあ！（と読む。）

T：ぐわあ！って、強くなるね。（図②のようにグラフに山を書く。）読み方が変わってくるね。

C：もっとないの？　五番（「とても幸せな気持ち

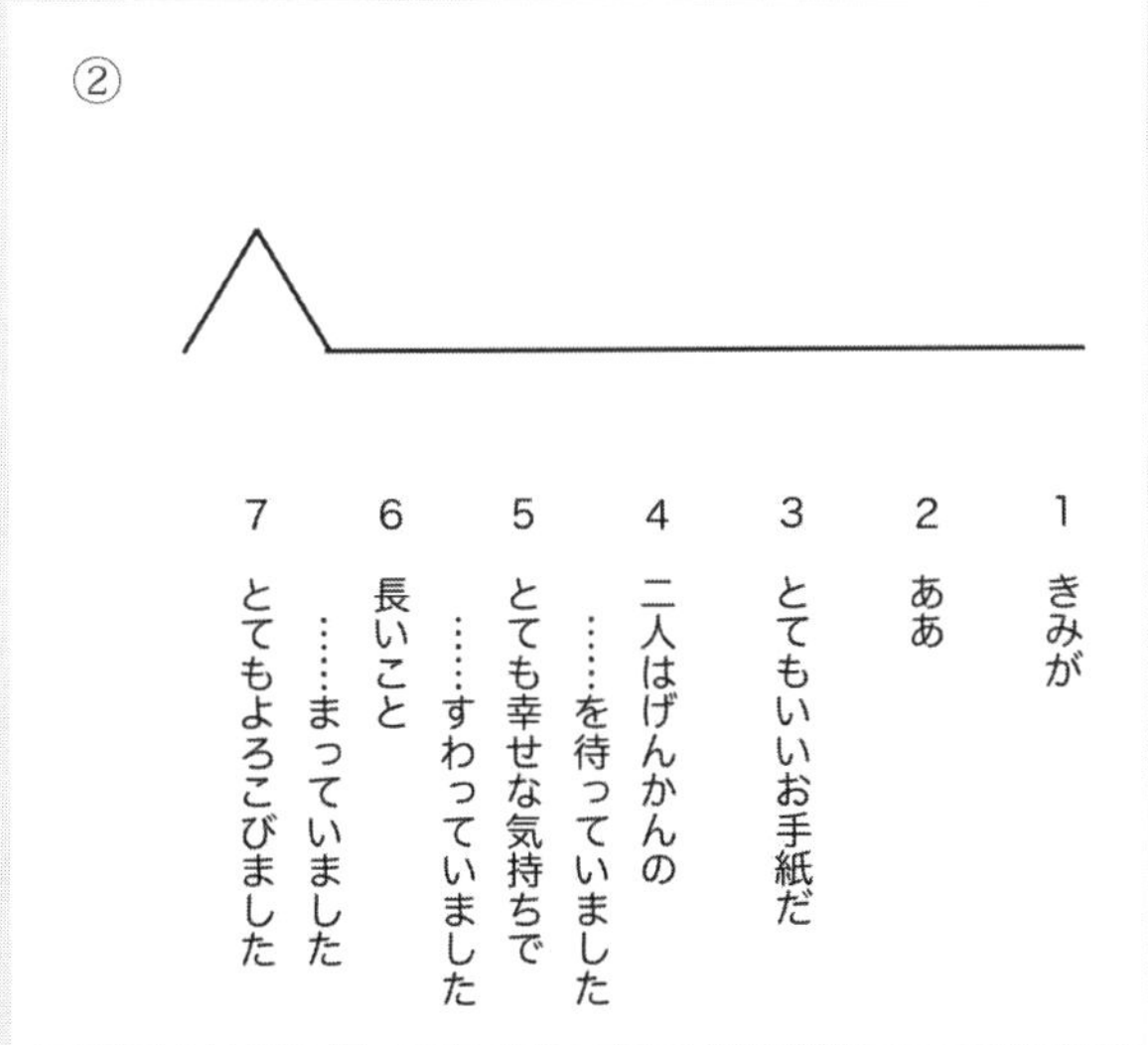

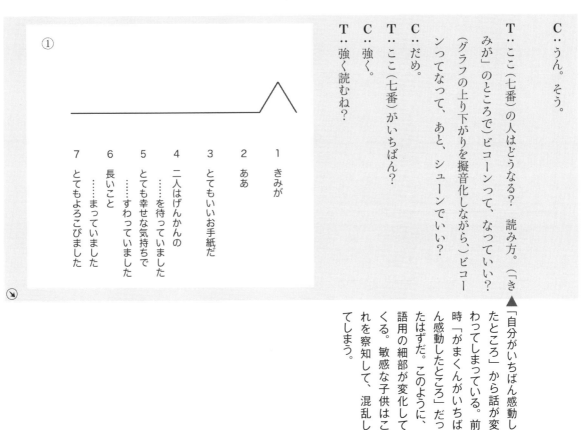

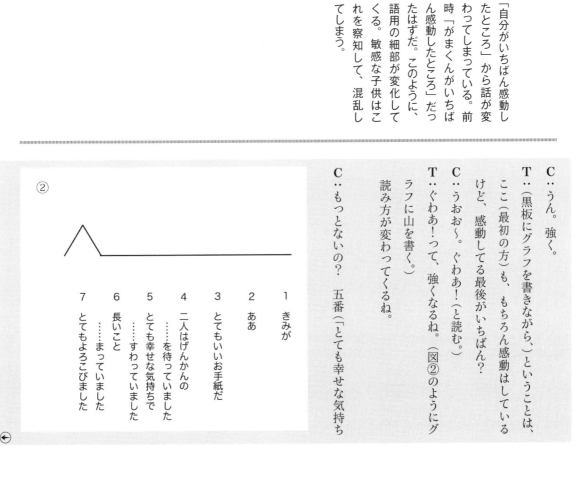

で……すわっていました。」）じゃあ、ないの？
T：もちろんここ（五番）が、ぐわあって上がる人もいるよ。
いい？　自分がいちばん感動したところを強く読む練習をするよ。
では、教科書に、自分がいちばん感動したところに、定規と赤鉛筆を出して、二重線、赤二重線を引いてください。
C：え～。もう前（に）書いた。
C：赤？
T：赤二重線。
「僕は、ここがいちばん感動したと思うよ。だから、そこを強く読むよ」のしるし。
C：え～、変えてもいいの？
T：変えてもいいです。変えてもいいです。赤二重線。
C：赤？
（子供たちが赤の二重線を引く。）
T：はい。二重線、引きましたか？
C：引きました。
T：そこを強く読む練習をするよ。

▲子供たちの音読の声量で判別させようとしている。無謀である。二年生の子供たちであれば、声を荒らげて「感動」とやらを表すであろう。「感動」というものを日常生活で体感していないはずだからだ。教師ですらそうだろう。「最近何かに感動した教師」に会ってみたい。絶滅危惧種だろう。自身がそうであるのに、子供たちに「感動」を問うている。

一回、自分で練習してみます。

「きみが」の人、手を挙げて。（子供が挙手する。）

「きみが」の人は「きみが」を強く読む。がんばってね。

「きみが」じゃない人。

C：はーい。（子供が挙手する。）

T：「きみが」じゃない人は、ちょっと、それぞれ強く読むところが違うよね。

ね、全員起立。スピードは、それぞれ自分のペース。

先生がここから行くよ。「だって、ぼくが、きみにお手紙を出したんだもの。」このへんからずーっと最後の方まで読んでいきますよ。自分で「ここを強く読みたいな」っていうところは、大きい声とか、気持ちをこめて読んでね。

読む練習してみてね。いい？

一回、読んでみるよ。行くよ。

「だって、ぼくが、きみにお手紙出したんだもの。」どうぞ。

（子供たちが続きから音読する。）

T：自分のペースでいいからね。

▲この音読練習に何の意味があるのだろうか？「表現読み」は五年生からの指導内容だ。二年生に対して三年前倒しで指導する意味は何か？発達段階不適応の子たちは、当然ふざけ半分にやり出す。教師はそれを叱責・静止する。全て貴重な四五分間の授業には無用なことである。

▲「大きい声」「気持ちをこめて」と指示している。「形式」を求めれば、こうなる。授業そのものが「お芝居」と化してしまうのである。多くの「研究授業」や「研究発表」、「授業参観」までもが、そうなってしまっている。

（音読が終わる。）

T：オッケー。お隣さんに読んで聞かせます。お隣さんとジャンケンしてみて。

（隣の子がいない子へ指示する。）ここはどうでしょう、ここは先生が。ここは、二人ね。

T：（ジャンケンで）先の人、決めた？

C：はい。

T：先の人、起立。一回、読むよ。

先の人は、「きみが〜」のところから読んでいくよ。「だって、ぼくが〜」からね。

後の人。後の人は、今から読む人、先に読む人が「どこがいちばん感動したと思ったか」っていうのを聞きながら、考えながら読んでね。いいですか？

T：じゃあ、先の人、行くぞ。

（ある二人組に）ここ、どうするの？　どっちが先にするの？　はい。最初はグー、ジャンケンぽい。はい。

じゃあ、行きます。

「だって、ぼくが、きみにお手紙出したんだもの。」どうぞ。

（先の人が音読する。）

▲このようなわざとらしい、何の意味もない「音読」を強要することに、何の意味があるのだろうか？「音読」をさせたいならば、素直にそれを授業すればよい。「お芝居」の授業は指導要領にないのだから、どこかで自由裁量の時間を捻出して勝手にやればよい。一体何を考えてやっている授業なのかわからない。

（音読が終わる。）

T：聞いてた人は、「ここがいちばん感動したと思ったところじゃない？」って、先に読んだ人に聞いてあげて。

これであたってたらすごい。

C：あたった。

T：あたった？　すごい！

C：あたった！

T：あたった？

じゃあ、全員でしますよ。「あたった」ってことは、上手に読めたってことよね。

じゃあ、後の人、起立。先の人は聞きますよ。

後の人の（音読）を聞いてあげて。

（後の人は）どこか教えちゃだめよ。いいですか？　教えちゃだめよ。じゃあ、行きます。

「だって、ぼくが、きみにお手紙出したんだもの。」どうぞ。

（後の人が音読する。）

（音読が終わる。）

T：じゃあ、お隣さんに「ここがいちばん感動したんじゃない？」って聞いてあげて。

C：あたった！

T：おお。
C：先生、どっちもあたったよ！
T：おおー。
じゃあ、座ります。
お隣の人が「どこがいちばん感動したか」が、わかりやすかったという人？
（子供が挙手する。）
○○さんがはやかったから、（となりの）C_1さんかな。C_1さん、前に来て。
教えちゃだめよ。はい、前に来て。

C_1さんが「がまくんがいちばん感動したと思ったところ」は、どこか。みなさん、聞いてね。

「だって、ぼくが、きみに　お手紙出したんだもの。」

（C_1さんが音読する。）

（音読が終わる。）

C：（挙手）はい！

T：どこか、わかった人？　○○さん。どこだと思いますか？

C：「とてもいいお手紙だ。」のところだと思います。

T：どう？　あたってる？

▲「隣の人が上手だった」の基準が「強く読んでいた」と規定されたままである。「感動」とは「強さ」なのだという強制である。幼児は喜びが大きいとき、場に不相応な大声を出す。これが幼児の「感動」である。大人は喜びが大きくとも、場に不相応な大声は出さない。自制して声を収める。これが大人の「感動」である（無論、例外はある）。「強く読む」は、幼児性の強要である。子供たちに成長を促す「教育」とは逆行する。

C_1：うん。
T：おおー。正解だそうです。
じゃあ、今のC_1さんよりも、上手に読めるぞっていう人？　自分がね。自分がよ。
C：（挙手）はい！
T：○○さん。
（隣の席の子へ）□□さんは、どこか言わないでね。
では、聞きますよ。どうぞ。
ああ、ごめん、先生が読まんとね。
「だって、ぼくが、きみに　お手紙出したんだもの。」
（子供が音読する。）
（音読が終わる。）
C：（挙手）はい！
T：○○さん。
C：「ああ」
T：あってる？
C：うん。
T：おおー。正解。

じゃあ、最後。

（子供から「えー」の声が出る。）

どうしても最後。○○さん。

（子供たちが残念がる。）

時間がなくなってきた、ごめん。でも、音読の（いちばん感動したと思ったところを）探すのがありますから、最後、みんな頑張ってください。じゃあ、行きますよ。

「だって、ぼくが、きみにお手紙出したんだもの。」

（子供が音読する。）

（音読が終わる。）

C：（挙手）はい！

T：おお、すごいな。○○さん。

C：「……」（聞き取れない）

C：正解です。

T：おおー。（黒板を指し、）ここ（5番）ね。はい。みなさん、ちょっと時間が来てしまったので終わります。

今日の勉強のまとめになります。「がまくんがいちばん感動したところ」を考えて音読すると、上手に音読できるんですね。

みなさん、とっても上手です。
今日は書く時間がない。手を挙げます。音読のプロ（だった人はだれですか？）。まず、C_1さん。（黒板に書く。）
（子供が挙手する。）
C：○○さん。
T：○○さんね。はい、他に見つけた人。□□さん。
C：……（何か話し出す）。
T：今日の感想な。
C：ぼくが、ぼくが手を挙げて、呼ばれなかったけど、○○ちゃんが手を挙げて……、（聞き取れない）……○○くんが上手でした。
T：ああ、○○くん、上手でしたね。
他に「この人、音読上手だったよ」っていう人いませんか？　お隣さんとか。
（子供に挙手させる。）
C：C_1さん。
T：C_1さん、上手でした？　おおー、よかったですね～。C_1さん。
C：C_2さんが上手だったです。
T：C_2さん、上手でしたか。

じゃあ、どんなところが上手だったかまで言える人？　今のところ、一人もいないね。言える人？　〇〇さん。

C：C3くんが「お手紙をもらって、がまくんは、とてもよろこびました。」のところを強く読んでいました。

T：ああ、強く読んでたなあ。
〇〇さん。

C：はい。C4さんの言い方が上手でした。

（以下略）

T：明日から、この前、ビデオにとって失敗したけど、今度みんなの音読をビデオにとる練習をします。

C：やったー！

T：それでは姿勢を正して。終わります。

C：終わります。

「ビデオを撮る」と子供たちに意欲づけを意図している。これは「御褒美」と同じ。もっと言えば「罰（悪さを録画する）」と同じことである。本質的なことではなく、枝葉のどうでもよいことではないか。文字起こしと映像だけでは、微妙な空気感がわかりかねる。制約のない、自由な場での小田氏の仕事を見てみたい。

伴一孝より　授業全体について

自由度の高い授業と、低い授業とがある。それは、授業を司る教師自身の個性と、それを管理する行政機関の「縛り」の強さによる。例えば「授業開始の挨拶」。大人なら、馬鹿らしくてやるはずがないことである。本書に収められている授業では、この学校だけだ。ところが、いまだに一部の地方自治体では、同様にこれを強要しているところがある。さらには子供たちだけでなく、大人である教師職員達にも強要する。学校に、教育委員会の視察があれば、仕事中であっても職員室に集合をかけられ、自己紹介・挨拶・敬礼を求められるらしい。その間に、子供たちが怪我をしたらどうするのか。事故が発生したらどうするのか。そんな本質的なことはどうでもよいと思っているようだ。ただ単に「形式」を守ればそれでよい。上司に礼を尽くす（いやいや媚を売る）ことが第一義。子供たちや学校に問題が起きれば、皆で「隠蔽・隠匿」する。そうやってずっと自分たちの組織を維持してきたのだろう。そして、その隅っこに「授業」が堕ちてしまっている。子供たちがおかしくなるのは、至極当然のことである。小田氏はそんな中で、細やかな抵抗を試みているのかもしれない。

ポイント解説

長谷川博之

1　指名なし討論を実現する

本書に収められた授業と、伴一孝氏のコメントをより深く理解するためには、ＴＯＳＳが追究している「討論の授業」について知る必要がある。概要を簡単に示しておきたい。

討論の授業は、次の三つのステップを踏まえて実現される。

【指名なし朗読（音読）・指名なし発表・指名なし討論】

授業する際のポイントを示す。

ポイント１　指名なし朗読

①自ら立って読む。終えたら次の人が読む。

②複数立った際は譲り合う。回数の少ない人を優先する。

ポイント２　指名なし発表

①自ら立って発表する。終えたら次の人が発表する。

②複数立った場合は譲り合う。関連する内容を述べる人、発言の少ない人を優先する。

ポイント３　必ず書かせる

自身の考えは必ずノートに書かせる。書く時間を保障する。

ポイント４　そのまま読ませる

発表の際はノートを持たせ、書いたことをそのまま読ませる。

ポイント５　発表は少数派からする

人数分布を確認し、少ない派から発表させる。必ず全員が発表できると伝えるのも大切だ。

ポイント６　対立する二つに絞る

原則として「おかしいもの」を一つずつ消去していき、最終的に二つに絞る。

ポイント７　内部情報を蓄積させる（発言の素材を集めさせる）

討論の前に考えを十分に書かせる。また、級友の発表内容をメモさせる。特に反対の立場の意見をメモさせるのがよい。

ポイント８　結論が先、理由は後

結論を先に言わせる。「私は○○と考えます。理由は……」等の話型を明確に示し、そのとおりに書かせ、話させる。

ポイント９　根拠を示させる

必ず文章中の言葉を根拠にさせる。例えば、「『〜』と書いてあります。これは『……』という意味です。だから〜」とする。

ポイント10　引用させる

反論の際は原則として相手の発言を引用し、それについての自分の考えを述べさせる。印象批評は駄目だと教える。

本書の授業提供者は、このような指導を丁寧に為しているはずだ。そのうえで指名なし討論の高き峰に挑んでいるのである。

2　考えを見える化する

伴氏が指摘しているように、音声は瞬間瞬間に消えていく。たとえ討論の場面でも、音声情報に依存して展開していると、聴覚入力の弱い子供が次々と脱落していくのである。

ゆえに、ここぞという時、すなわち十分な時間を設けて集団思考をさせる時には、意見を板書させるのである。向山学級でも伴学級でも、そして不肖私の担当学年・学級でも、討論の際、前に出て、黒板に文や絵を書き（描き）ながら、持論を述べる子供たちがいる。なぜそういう子供たちが現れるのか。日常的に板書をさせているからに他ならない。

そのためには、教師が黒板を占領していてはいけない。「板書計画」なるものに縛られ、「一時間で黒板全体を芸術作品のように埋め尽くす」ような上辺の板書をしていては、永遠にたどりつけないのが「指名なし討論」の峰なのである。黒板は子供に開放するのだ。思考の基地として、である。

3　大いに認め、褒める

「子供らしい美しい意見である」と伴氏は言う。「昔話は、ほとんど、じいさまが主人公じゃないですか？」という発言に対して、である。無論内容は誤りである。いわゆる「過度の一般化」だ。「みんな持っているから、私にも買って」に代表される論法である。議論になると、大人でさえ往々にして陥る「穴」だ。

しかし、相手は小学二年生である。二年生の精一杯の主張である。ゆえに、「大いに認めてあげたい。間違いであってもだ」という評言となる。

若き伴氏が向山洋一氏に問うた。「討論にならないのだが、何が問題なのでしょうか」と。「褒めるのが足りないのではありませんか」向山氏はそう答えたという。

象徴的なエピソードである。討論の授業を実現しようとする時に貫くべき原則の最たるものが「激励」なのである。

4　感動を問うな

国語科授業で登場人物の「感動」（気持ち）を問うたり、読者たる子供たちに「感動」を強いたりする行為を、厳に諌めたのが向山氏であった。その精神性は直弟子である伴氏にも確かに受け継がれている。「がまくんがいちばん感動したところ」という発問（学習課題）が、「国語の学習」にならない、「作業に意味があるのだろうか（いや、ない）」、どんな技術を用いたところで「国語科の授業において『感動したところ』の選定に意味はない」という主張の畳みかけに、継承の事実がはっきりと見て取れる。

「がまくん自身（あるいは、低学年ならば、あえて「がまくんの気持ち」）が最も変容したところはどこか」ならば、子供たちは本文の一語一句を根拠にして理由を書き、交流し合えるはずである。登場人物の気持ちは読み取れずとも、登場人物の変容は話者によって明らかに語られているものなのである。

第3章

中学年の国語授業

三年「三年とうげ」第三時・第四時
四年「ごんぎつね」第四時・第六時

三年授業テキスト1 「三年とうげ」

第三時

徳本孝士

授業の流れ

❶ 教科書を音読する。

❷ 第一場面の要約をするため、キーワードを決める。

(1)キーワードを三つノートに書き、発表する。

(2)三つのキーワードはどれかよいか意見を出し合い、討論する。

❸ キーワードを使って要約する。

自分の授業のよいところ・わるいところ

よいところは、二つあります。一つ目は、子供たちの意見を拾いながら、討論をしようとしているところです。

二つ目は、特別支援級にいる子供も意見を書いて、発言していることです。もちろんこの子の能力的なところもあるのですが、授業に参加できています。

わるいところも、二つあります。一つ目は、要約を三〇字以内としているところです。三〇字なら、どんなキーワードも入ります。二〇字なら、子供たちが取捨選択しなければなりません。

二つ目は、討論にこだわるあまり、話し合っても仕方のないことを、討論させようとしたことです。この授業では、「転ぶ」と「ながめがよい」の二つのどちらがキーワードとして適切か討論しようとしていますが、どちらでもよいのです。子供たちがまじめで、一生懸命教師の発問に対して討論しようとしていますが、その必然性は少ないです。

発問・指示

（授業開始から二一分間は、「漢字スキル」の指導と音読を行う。）

Ｔ：ノート出して。

（子供がノートを出す。）

はやい、はやい。はやいなあ。あ〜、すごい。

（前の時間は）登場人物と主人公を勉強しました。次に何を考えましたか。〇〇君。

Ｃ：第一場面。

Ｔ：第一場面の要約だね。

Ｔ：（ノートに）一行あけて。赤四角、「第一場面要約」（と書きます）。

Ｃ：書けました。

Ｔ：はい。〇〇君も書けたね、Aと書いときなさい。まだ、下敷きが入っていない人、立ちなさい。

（立った子に）正直。一人だけ。

▶「下敷き」の使用には是非がある。知った上でどちらを選択するかは教師もだし、同様に子供もである。この程度の押さえが上品だ。強制は逆に害を生む。

伴一孝のコメント

ノートを出すのが速い子を褒める。授業はここから始まる。最初から叱る教師が多い。最悪である。

▲「次に何を考えましたか」は意味がない。「第一場面要約を行いました」でよい。授業者の発語は、音数が少ないほどよいのだ。無駄な音は削る。研いで研いで研ぎまくるのである。

▲「Aと書いときなさい」は、速い子たちに自分でノートに赤鉛筆で「A」と書かせている。自己評定だが、このような小さな技術で授業は組み立てられている。

じゃあ、○○君、立ってごらん。
○○君とみんなで、第一場面を読みます。○○君が最初です。「あるところに」から読んでごらん。
C：「あるところに三年とうげとよばれるとうげがありました。」
T：はい、読み終わった人。
C：「あまり高くない、なだらかなとうげでした。」
（以下、一文を一人ずつが交替しながら、第一場面を読む。）
T：ここまでが第一場面です。これを「要約」ですから、三〇字以内にするんですが、久しぶりだからね。
まず、何をするんですか。○○さん。
C：キーワードです。
T：キーワードを三つだね。大事な言葉、キーワードを三つ。
ところが、この三年とうげの第一場面だけ、難しいところがあるんです。さあ、何でしょう。
○○ちゃん、わかる？　言ってごらん。
C：最初のところから、三つ、同じ場所にあるから、ふつうだったら、あるところによりも一個上に

▲音読のさせ方にも技術を用いている。一文を一人が起立して読む。次の文を全員が起立して読む。次の文をまた一人が起立して読む。次の文を全員が起立して読む。この形である。音読は飽きさせないことが大切。このように様々なパターンを駆使できるのがプロである。

▲「要約」は三年生からの指導事項である。通常はバラバラな要約文が出されて曖昧に評定される。もしくは教師が無理矢理誘導して統一要約を強制する。この場合は違う。「キーワード」を三つ選定させて、一人一人に自分で要約文を書かせている。

あるはずなのに…

T：段落が続くというのは、あるかもしれないね。他に、とても大事なことがあるんですね。

（子供が手を挙げる。）
○○君。はい、○○君。
C：言い伝えのところ。
T：キーワード三つのときに、要約をしたときに、最後は何で止めましたか。○○ちゃん、言ってごらん。
C：主人公。
T：主人公。ところが、この第一場面、主人公は誰でした、これ？
C：おじいさん。
T：おじいさん、出てきますか、これ？
C：出てこない。
T：出てこない。おじいさんが出てこないんだよ。ここだけ特殊なんだね。ということで。
じゃ、キーワード、三つ書いてごらん。
（子供がノートに書く。）
T：（子供のノートを見て）まあ、一個はそうだね。
T：隣と相談しながら、書いてもいいからね。

▲ここは第一発言者を、とりあえず褒めるべきである。「あるかもしれないね」とスルーする前に、「よく気がついたね」と笑顔で眼差しを返す。私なら「九五点」と評定する。その上で「一〇〇点は他にある」と促す。

▲要約文の最後は「体言止め」にする。これも基本である。その方が、文字数が少なくなるからだ。よって物語文の場合は「主人公（名）」で体言止めにする要約文が多い。

▲主人公（おじいさん）を使わない要約文になることを最初におさえたところは秀逸である。授業は不要な混乱を回避する営みである。だからこそ有意な混乱（議論・検討）が可能となり、頭脳が活性化する。

T：あと一分ぐらい。
あ〜、○○ちゃん、すごいな。二つは出てくるねえ。三つ出てきた。三つめは（意見が）わかれると思うよ。
T：では、聞きましょうか。はい、○○さん。
C：はい、「言い伝え」です。
C：同じです。
T：「言い伝え」の「いい」は漢字ですか？ 教科書に漢字で出てる？
（子供に漢字を確認し、板書する。）
○○ちゃん。
C：「三年とうげ」です。
T：書いた人？ これは外せないよね。
問題はあと一個だね。
ここまではできる。じゃ、立って。
（挙手した子を全員立たせる。）
言われたら座ってね。○○ちゃんから言ってごらん。
C：まねしたんですけど、「ため息」。
T：息は漢字ですか？ はい、え〜、C_1ちゃん。

最初から「キーワード」三つを考えて要約文を書かせてもよい。しかし、ここは冒頭に徳本氏が述べているように「久しぶり」だからハードルを低くしているのだ。キーワードをまず三つ全体で確定してから要約文を書かせている。

▲「三年とうげ」と「言い伝え」を確定した後、三つ目のキーワードを考えさせている。非常に柔らかく、丁寧な指導である。

▲全員を立たせて、同じ意見が出たら着席させる。大変有効な技術である。友達の意見を聞かざるを得ないし、身体も動かすのでエンドルフィンの分泌が促される。しばしば用いたい技術である。

C_1：「花の名前」です。
T：「花の名前」ね。「花の名前」と書いている人いますか？ C_1ちゃん一人だけ、すごいじゃん。
○○ちゃん。
C：「昔」です。
T：「昔」っていうのは、漢字？ え〜、○○ちゃん。
C：「転ばない」。
（子供から「同じです」の声が出る。）
T：似た言葉で、「転ぶ」を書いた人？ 「転ぶ」を書いた人？ やっぱりいるでしょ。
C：「言い伝え」が「転ぶ」で……。
（板書）　言い伝え
　　　　三年とうげ
　　　　ため息
　　　　花の名前
　　　　昔
　　　　転ばない
T：ま、「三年とうげ」で、「言い伝え」は、いいにしましょうか。二つは決定だ。あと一個だ。どれかな。まあ、聞いてみますかね。これは

▲発言に対して、他の子から「同じで〜す」という反応がある。良い授業にこれはない。私も何度も経験しているが「学校（学年）でこれを強要する」場合が多い。

▲子供に意見を言わせて、それを教師が板書するのは悪手である。徳本氏は板書が速い方だからまだよいが、丁寧にゆっくりと板書する教師は、必ず子供に「後ろ」を取られる。男子はボールペンの分解、女子はお手紙回しを始める。意見を言った子に、自分で板書させるのが上策である。

違うんじゃないかな、理由が言える人？
○○さん。（手を挙げた子を指す。）

C：え〜と、三つあるけど、「昔」は違うと思います。なぜかというと、「昔」の「言い伝え」だから、昔から…。

T：だから、似ているから、言い伝えグループだということだね。どうですかと聞いてごらん。

C：どうですか。

C：いいです。

T：言った人、誰？　○○ちゃん、どうですか？
まあ、そうでしょうね。これは、昔の言い伝え、昔からの言い伝え。
はい、○○さん。（手を挙げた子を指す。）

C：はい、「転ばない」だっけ、だっけ、言い伝えの中に入る……。

T：これがこう（黒板の「転ばない」と「言い伝え」の文字を指す）同じだと。どうですかって、聞いてみて。

C：どうですか。

C：いいです。

C：え、でも。

T：それに対しての反論。どうぞ。

C：なんか、「三〇文字以内でまとめる」っていう

▲意見を出させた上で「駄目なもの」を選ばせる。消去法で論点を絞りこんでいく。これも授業の定石である。

このあたり授業が若干もたついている。根本的問題として、選択肢が多過ぎる。子供の意見を全て拾ってしまったからだ。それが目的ならばよいのだが、この場合は違う。無駄を削るのが授業の王道だ。ならば三つ目のキーワードはこのように応答で「話し合わせる」のではなく、文字数などを教師が指定して「見つけさせる」のである。

ときに、「三年とうげ」だと全部書けないから、「転ばないで行かないといけない」っていうのは書かないといけないと思うから、なんか、「三年とうげ」（が違うと思う）。

T：これ（転ばない）がないと、ちょっとわけがわからなくなるということだね。どうですか。

C：どうですか。

C：いいです。

T：じゃあ、ちょっと、ここは意見が分かれるから、聞いとくか。
はい、「転ばない」を入れた方がいいんじゃないかなあ（という人）？
いや、これ、やっぱり入れない方がいい（という人）？（子供に挙手させる。）
半分、半分ぐらいですね。手を挙げていない人？
じゃ、それ以外。はい、○○さん。

C：「花の名前」（は違うと思う）。理由は、すみれ、たんぽぽ、ふでりんどうって……（聞き取れない）。

T：どうですかって。

C：どうですか。

C：いっぱいになっちゃうから、短くした方がいいかな。

▲発言した子供に「どうですか？」と言わせて、まわりに「いいで〜す」と応えさせる。これもよくある話形指導である。「同じで〜す」もだが、職員会議でやってみればよい。無駄なことを、毎日毎時間やらせれば、子供は自分の頭で考えられなくなる。

子供たちがかなりのスピードで意見を述べ合っている。これは普段の授業がテキパキと進められているからだ。遅い授業者の学級だと、このようにはならない。速い授業者は、それだけで腕が良いものだ。

T：はい、○○さん。

C：「花の名前」はちょっと。「三年とうげ」から「花の名前」だから、「三年とうげグループ」に入れた方がいいんじゃないですか。

T：どうですかって。

C：どうですか。

C：いいです。

T：どうですか。「三年とうげ」に似ているんだって。「考え中です」って言うんだよ。

板書

第一場面ようやく

○三年とうげ
○言いつたえ
ため息
＝
花の名前
（ながめ）
~~昔~~
転ばない＝転ぶ

▲「考え中です」と子供に言わせる指導も、半世紀以上昔からやっている無駄な指導だ。徳本氏の授業でいちばん気になるのがここ（話形指導）である。文字起こしでは、かなり削除してあるが、映像では頻繁になされている。まずは学校にある一般的な「常識」を疑うのが、優れた教師の必須条件の一つだ。皆がやっているからとか、自分がそう習ってきたからというのは、一度消去した方がよい。

C1ちゃんが、花の名前を出してくれたおかげで、いろんなこと、考えるよね。他はいいですか？　はい、○○ちゃん。

T：「ため息」を「三年とうげグループ」に入れた方がいいと思います。理由は、「白いすすきの出るころは、よいながめ」と言っていたから。

T：なるほどね。

C：だけど、それは、三年とうげの上から見ているから。

T：「ため息のでる」ほど、花がさいて、「ため息がでる」ほど、「よいながめ」。「よいながめでした。」まっ、それが五〇ページに書いてある。五〇ページの一行目、○○君、「よいながめでした。」これは、だから「よいながめ」になるんだね。

T：さあ、どうしましょうか。
「三年とうげ」、「言い伝え」を（キーワードに）入れて、「昔」はちょっと削るぞ、「ため息」と「名前」で「ながめ」か。ただ、これは、「三年とうげ」に入れてしまえばいいのか。
何か意見がある人、いますか？
ここで言っておきたいという人、立ってごらん。

▲「花の名前を出してくれたおかげで、いろんなこと考えるよね」は意味がわからない。他の意見では「いろんなこと」は考えられないのか。そもそも「いろんなこと」とは何か。事情があってこの発言をした子を褒めたかったのかもしれない。しかしそれは授業の本筋とは異質だ。眼で褒める。指で褒める。いずれにしても「音」を乱発するほど、教師の話を聞けなくなる子が出てくる。特にそれは発達障害児に顕著である。

▲ここは教師が無理矢理「ながめ」にもっていっている。それが教師の求める解だからだ。ならば最初から「平仮名三文字」と指定して考えさせればよい。

はい、○○君。

C：どうしても「転ばない」が、ちょっとだけ文章に入れるのが難しい。

T：だから、入れたくないのね。いい？　他は？

C：「転ぶ」を入れた方がいいと思う。

T：はい、じゃあ、「転ばない」を入れた方がいいか、だめかで決めよう。

はい、丸かバツ。入れたい人、入れなきゃダメじゃないか、（という人は）丸。いや、違うぞ（という人はバツ）。

（子供は、丸かバツかをノートに書く。）

T：「なぜならば」と横に書いてください。はい、「なぜならば」と。

まだ、丸かバツか書いてない人、とりあえず立ちなさい。書いたら座る。

（子供は一時的に立つが、書いたらすぐに座る。）

（子供のノートを見ている。）

T：○○ちゃん、すごくいい意見。

「ながめ」を入れると教師が指定した段階で、もう話はついている。「三年とうげ」と「言い伝え」と「ながめ」がキーワードとなったのだ。「転ぶ」も「転ばない」も、どちらを使ってもよいとなったはずだ。

▲なぜ、さらに応答を続けるのか。

▲○か×かを書かせる。野口芳宏氏が多用した技術である。それは優れているのだが、ここでは意味がない。

▲どちらでもよいとしたことに、なぜ理由を書かせるのか。貴重な授業時間を使ってしまっている。

T：（このあと）ミニ討論しようか。

ちょっと、理由を書いた人、何人か見せて。

T：（ある子のノートを見て、）○○君はとりあえず「なぜならば」と書いたんだね。それが大事。

（子供がノートを持ってくる。ノートを次々に見る。）

T：机を討論の机にしてごらん。

T：討論の机にして。

はい、討論の机にしてごらんなさい。

T：どちらか聞きますね。

丸（の人）？　手を挙げた人は仲間でしょ。一、二、三…。（人数を数える。）

いや、やっぱり入れない方がいいという人？

一、二、三…一一。（人数を数える。）

T：（手を）上げてない（人がいる）？

今、○○ちゃんがトイレ行っているからね。

T：それでは、「入れる」の方から、何人か、理由（を言います）。

▲「ミニ討論しようか」と投げかけている。柔らかで当たりのよい文言だが、「しようか」という教師からの「提案」ならば、子供たちは拒絶してもよいのだろうか。私が子供だったらそう言うだろう。

▲子供たちにノートを持って来させている。これは良い。しかしそれを映像では読み上げたり、受け答えをしたりしている。意図がわからない。○だけ付けて回転を速くする。席に戻った子にその場で発表させる。持って来ていない子を前に集める。教師がやるべきことは、他に山ほどある。ただし、これが「本当に必要なならば」の話だ。

（子供が挙手する。）

T：はい、じゃあ、○○さんと○○君。

「僕は丸です。なぜならば…。」（という発表の仕方をします）。

そのとき、他の人はメモしていきなさい。○○君の名前を書いて。

はい、どうぞ。

C：「転ばない」と、三年とうげがあるものだと…。

T：「僕は」から、きちんと。

C：僕は、えーと、丸です。「転ばない」（がない）と、三年とうげがあるように…（聞き取れない）…がないからです。

T：はい。

C：私は丸です。「転ばない」は、何回も出てきて、他の段落にも出てきているからです。

T：「他の段落」と書くんだね。（子供のノートの書き方を指導をする。）

T：じゃあ、次はバツ（という意見の人）だ。

「転ばない」を入れない人？（挙手させる。）

じゃあ、○○君と○○君、○○君。

▲全員のノートを確認せずに討論に入ってしまっている。どうしても「形式」を重視してしまう。ここでの話形指導「なぜならば…」は良い。大人でも当然の作法だからだ。ただ、友達の意見を聞いて「メモしていきなさい」は無理である。自分の意見を書けない子が、友達の意見を「メモ」できるだろうか。何を意図して指示しているのかわからない。さらに「メモ」したかどうかは、どのように確認するのか。とりあえず指示している感じがある。

C：僕はバツです。ちょっと、えーと、丸も、入れてもいいけど、「転ばない」という「言い伝え」のやつだから、まあ、入れてもいいけど、「言い伝え」にも入るといいから。

C：○○さんに似ていて、僕はバツです。なぜならば、「言い伝え」に入っているからです。

C：僕はバツです。「おそるおそる歩く」ってあるから、それではわからないから。

T：では、三〇分まで、二、三分ですが、ちょっとミニ討論しましょうか。

はい。じゃ、○○君から行く？

C：僕はバツです。誰も第一場面では転んでないからです。

T：どうですかと言いなさい。

C：どうですか。

C：（子供たち）ちょっと考えさせてください。

C_2：でも、言い伝えで、「転ぶでない」と言っているからです。

C：でも、「言い伝え」に入っているから、「言い伝え」だと思います。

▲討論の途中で「ミニ討論しましょうか」と、再度「提案」がなされている。子供がすぐに発言しているから、おそらく「討論」と「ミニ討論」の意味が、この学級では区別されているのだろう。

話形が崩れているのだが、しばらく放置されている。至って自然である。話形そのものが不要だからだ。途中で教師が気づいて手を入れている。しかし不十分だ。話形を少なくとも三つは指示（指導）しているのだから、最初のときと同様「言い直し」をさせるべきなのだ。しかしやらない（できない）。なぜなら、やらなくてもよい話形指導だ

T：ストップ。C_2君がそうなんだけど、どっちか、わからないから、「丸です」とか「バツです」とか(最初に言ってください)。はい、どうぞ。

C_3：私は丸なんだけど、「言い伝え」が、三〇文字以内にまとめるときとかも、「言い伝え」だと全部書けないけど、「転ばない」を入れたら、なんとなくわかるから、入れた方がいいと思います。

T：どうですか(と聞いてみなさい)。

C_3：どうですか。

C：えーと、僕はバツです。

T：C_3ちゃんに返してる？　C_3ちゃんは、入れると、「言い伝え」が詳しくなるということなんだ。

C：詳しくなるけど、〇〇さんみたいに、「おそるおそる歩きました」といったところで、「転ぶ」とか「転ばない」とか、わかりやすくなってているから、それも「おそるおそる歩きました」で、歩いたっていうことで(「転ばない」は入れなくていいと思う)。

C_4：それを要約するから。僕は丸です。えーと、それを要約するから、「転ぶ」は入れた方がいいと思います。

▲からだ。「授業の事実」がそれを証明している。囚われるのを止めることだ。

▲発言した子は「三〇文字以内にまとめるときに」と言っている。つまり、この子は要約文を書いてみて発言しているのだ。しかし、他の子たちはまだ書いていない。「どうですか？」と聞かれてもわからない。全員が同じ土俵に乗っていないからだ。

子供たちは、論点が無意味なことを理解しながらも元気に発言を続ける。それは、学級がしっかりしているからだ。教師を信頼しているからだ。教師を尊敬しているからだ。それは素晴らしいことだ。

T：どうですかって。

C_4：どうですか。

C：(子供たち)いいです。

C：(子供たち)ちょっと考えさせてください。

T：いいよ。

今、〇〇さんが立ったよ。(次に発言する子に注意を向けさせる。)

C：「言い伝えが決定している」なら、「転ばないも同じ」って、みんなが言っているから、別に入れなくてもいいじゃないですか。

C：僕は丸です。「三〇字以内でまとめる」、それで、「転ぶ」とか「転ばない」を入れると。

C：僕は、バツです。だけど、それをキーワードにするんではなく、「ため息」をキーワードとかにして、「転ばない」「転ぶ」を、みんなキーワードじゃなくて、キーワードじゃないことを入れればいいんじゃないですか。

T：〇〇ちゃん。〇〇ちゃん。(次の子を指す。)

C：私は丸です。「言い伝え」だけじゃ、あんまり意味が伝わらないと思うし、他のところでも、他の段落でも、必要だと思うから、必要だと思います。

一般的な学級ならば、子供たちが押し黙ってしまい、重い空気が流れるだろう。

▲「ため息をキーワードとかにして」と子供が発言している。やはり三つの「キーワード」が既に確定されていることを理解していない。なぜなら、教師がキーワード以外の自由に使ってよいはずの言葉を〇・×で討論させようとしたからだ。子供は混乱する。当然である。

C：（子供たち）ちょっと、考えさせてください。

T：では、ここで整理をするんですが、○○ちゃんが言ったように、「転ばない」を入れると、「言い伝え」が詳しくなるからいいんだと。書いといてよ。詳しく書いといてよ。○○君、詳しく。

そして、○○君が言ったのは、「いやもう、入ってるから。「言い伝え」に「転ぶ」は。この「ため息」を入れた方がいいんじゃないですか」ということ。

ですから、「ながめ」か、「転ぶ」か、どっちかなんだよ。どっちがいいんだって、話だな。

では、ここまでかなあ。

T：ちょっと聞きますか。

（ノートを開いて、）一行あけて。丸かバツか書きなさい。どちらでもいい。これはどちらでもいい。自分の考えがあれば、どちらでもいい。

（子供がノートに書く。）

T：書けましたか。自分の考えを言うんだよ。

「討論」をさせるならば、その前提として「子供たち全員がノートに自分の意見を書いている」ことが必要だ。そうでなければ、それは上辺の子たちだけの言い合いになる。映像では「わからないよ」と言っている子がいる。「討論」をやりたいがための流れになっている。そもそも「キーワード」を確定したならば、すぐに「要約文」を書かせるべきだ。書かせる前に「○○は入れるか？」など、考えようがない。子供たちの呟きが正しい。

「転ぶ」を入れた方がいい人？（挙手させる。）

入れた方がいい。一、二、…一二。（人数を数える。）

いや、入れない方がいい。（挙手させる。）

一、二、…二一だね。（人数を数える。）

これはね、どちらでもいい、どちらでもいいところですが、難しいな。

C：変わった。

T：はい、じゃあ、要約するぞ。

「言い伝え」、「ながめ」を入れて要約します。最後は「三年とうげ」にすると、いいでしょう。あと三分。書いてごらん。

C：えー、わかんない。

（子供がノートに書く。）

C：先生、できました。

（書けた子供がノートを持ってくる。）

▲最後に教師が「言い伝え」「ながめ」を入れて要約すると言う。最後は「三年とうげ」にするとも指定している。ならばここまでの話し合いは何だったのだろうか。キーワード三つを確定した段階で要約文を書かせて、教師のところに持って来させればよい。持って来た子のノートに○を付けて、その子に板書させればよい。黒板が埋まったら、一人ずつ自席で立って読み上げさせ、それを教師が評定していけばよい。話し合いが入る余地はない。

▲最後に「わかんない」と言わせているのは先のように指導していないからだ。たった四五分間の授業に無駄は一秒も許されない。形式を廃し、本当に必要なことだけを考え抜いた配置

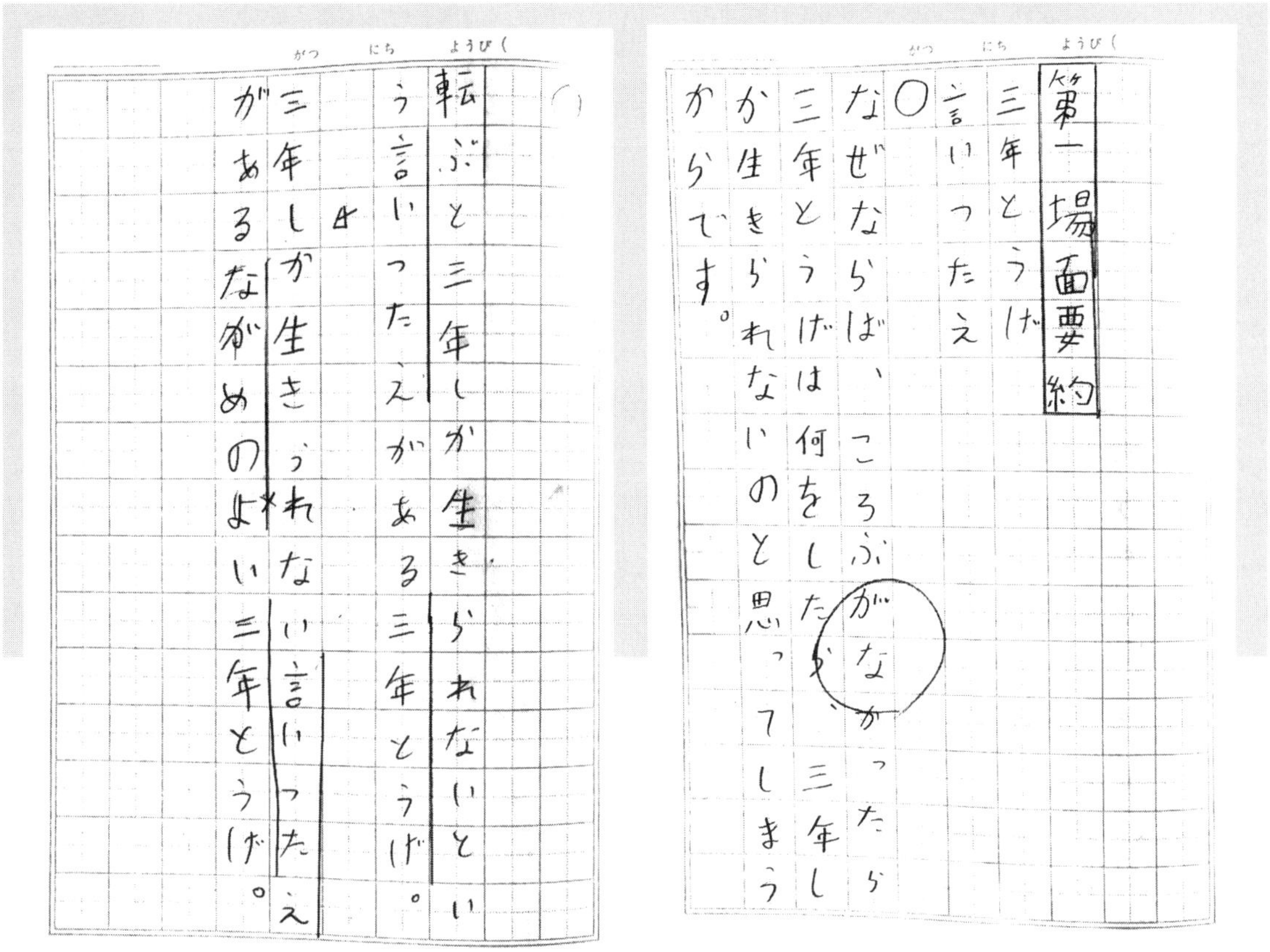

子供のノート

T：キーワードに線を引いてね。

T：（ノートに丸をつけた子に）〇〇ちゃん、いちばんだ。明日、書いてもらおう。

授業を終わります。

で提供する。そうすることでしか、全員をできるようにさせる授業は創り出せない。

伴一孝より

授業全体について

下段のコメントを全て書いたあと、徳本氏の自評（冒頭部）を読んだ。何だ、ほとんどわかっている。ならば私が書くことはなかったのである。段落要約「二〇文字」は定石だが、ひょっとしたら意味があるのかと思って触れないでおいた。徳本氏はちゃんと勉強をしている。ここでの討論に意味がないこともわかっている。若さは力である。私はと言えば、もっともっと酷い酷い授業を山ほどやってきた。文字記録にも残しているし、映像も音声もたくさんある。見る気もしない。教え子たちに申し訳ない。しかし、そこを通過しなければ泣きの入った腕のある教師にはなれない。通過できる強者だけが見る地平がある。徳本氏には、それを期待させる才能と、学級の子供たちの素晴らしい姿がある。

三年授業テキスト2「三年とうげ」第四時

徳本孝士

授業の流れ

❶ 教科書（第一場面）を音読する。
❷ 第一場面の要約を発表し、評定する。
❸ 教科書（第二場面）を音読する。
❹ 第二場面の要約を発表し、キーワードをもとに、どれがよいか検討する。

自分の授業のよいところ・わるいところ

授業のわるいところは、教師がしゃべりすぎている点です。テキストマイニングの分析をして、教師が話している割合を分析しました。

全体の発言量のうち、教師の発言量…五八・九％
児童の発言量…四一・一％

討論の授業にもかかわらず、教師の発言の割合が六割近くあります。向山洋一氏は、「教室ツーウェイ」誌一九九五年一月号で、コミュニティー参加の三段階モデルを提案しています。参画する授業のためには、児童の発言が七割以上と示しています。参画する授業を目指しながら、参与する授業になっています。

この授業のよいところは、下手なりに、参画する授業をしようとする気概です。この一点です。

発問・指示

（授業開始から一三分間は「漢字スキル」の指導と「話す聞くスキル」の指導を行う。）

T：教科書、四八ページ。第一場面を読みます。

C：開きました。

T：男女交替読みです。女の子からいきましょう。さんはい。

（第一場面の音読をする。）

T：ストップストップ、第一場面まで。ノート、昨日のところ、開いてごらんなさい。

（開いた子がいる。）

はやいなあ。

T：キーワードが三つありました。はい、一つめは。○○君。

C：はい、「三年とうげ」です。

T：三年とうげですねえ。はい、○○さん。

伴一孝のコメント

授業時間に「漢字練習」と「話す聞く（音声言語）練習」を入れている。ここを授業で保障していかなければ、書けない子・話せない子は、そのままにされてしまう。これだけでもよく勉強する優秀な教師である。

▲本時は「男女交替読み」をさせている。本書の徳本氏の別の授業では「一人全体交替読み」をさせており、多様な読み方を教えていることがわかる。音読は飽きる。幾通りもの読み方を教えていくことが必要だ。

C：「言い伝え」です。
T：「言い伝え」だねえ。かしこいなあ。三つめが、分かれたんだね。○○君、立って。
C：「ながめ」と。
T：「ながめ」だね。一個は、○○ちゃんが植物だっけ。
C：「花の名前」。
T：「花の名前」と言ってくれて、それは「ながめ」につながると。もう一個、はい、○○さん。
C：「転ばない」です。
T：「転ばない」。これは「言い伝え」に入れたい人は入れなさい。討論は答えがないから、自分できちんと考えがもてること、さらに言えば、討論のときに発表できるといいです。
では、この三つ、「言い伝え」、「三年とうげ」、「ながめ」を入れて、「三年とうげ」が最後になるように（要約しなさい）。
C：え！
T：書いたら持ってらっしゃい。
（書けた子供がノートを持ってくる。）
T：（黒板に）書いて。

キーワードは本時の「前提要件」だから、忘れている子に対してスタート地点を揃えてあげる。しかし、子供に尋ねなくてよい。時間がかかる。無駄な作業である。教師が提示してしまえばよい。「既習事項は基本教師提示」である。

▲冒頭からこの指示でよい。「第一場面要約します」「言い伝え・三年とうげ・ながめ、この三つのキーワードを使います」「要約文の終わりは『三年とうげ』です」以上である。他は不要な活動だ。

▲書けた子にノートを持って来させて、教師が○を付けたら子供に自分で板書させる。ここは定石通りである。

（子供たちが黒板に書き、読み上げていく。）
T：それでは、途中の人もいますが、○○ちゃんから発表してもらいます。
C：「ながめのいい…（聞き取れない）…三年とうげ。」です。
T：今、書いてない人、手を挙げます。書いてない人？（子供が挙手する。）写しなさいよ。はい、C_1君。
C_1：「きれいなながめのある三年とうげ。」
T：これ、一〇点満点でいうと、九点です。C_1君、どこ、直したらいい？
C_1：漢字のところ。
T：そうだね、気づいているじゃないですか。はい、誰でしょうか？
C：「ながめがよくて言い伝えがある三年とうげ。」
T：キーワードに線を引いてくれると、わかりやすいですね。
C：「ながめのいい言い伝えのある三年とうげ。」
C：キーワードに線（を入れるのを）、忘れちゃった。「転ばないように言い伝えのあるながめのよい三年とうげ。」

▲黒板に書いた子が自席で立って読み上げている。ここも良い。実にスマートな技術である。

▲発表のさせ方は違う。速い子は黒板の右からか左からか指定して書かせる。読み上げは速い子からだから、右からならばその子から順に読み上げる。ここは黒板に書く位置を指定していないからバラバラに読み上げることになる。よって無駄が生じる。

▲板書した子供たちはキーワードに自分で線を引いている。これは以前学習したことだろう。ここでは線を引いていない子に確認指示を出している。

T：これ、何文字？
C：ぴったり三〇文字。
T：丸も入れて？
C：あ！
T：丸も入れて、三一字、ああ、じゃあ、減点だ。でも、これは、「転ぶ」の「転」を漢字にすればいいよ。
C：あっ、そっか。
T：こうすれば三〇。今、直して。
C：「ながめがよく言い伝えがある山があり、それが三年とうげ。」
T：三〇文字？
C：二七文字です。
C：「三年しか生きられぬという言い伝えのあるながめのよい三年とうげ。」
T：これ、きれいにまとまったね、はい、〇〇ちゃん。
C：「三年とうげで転んだら三年しか生きられない。」
T：はい、まだ読んでない人いますか？
はい、〇〇ちゃん。
（黒板に線を引いている子に）線は引かなくて、もう大丈夫だから。
C：「転ぶのは三年で死ぬという言い伝えのあり

▲「三一文字」は減点ではなく0点である。そうでなければ「三〇文字以内」等と最初から指定しないことだ。「三〇文字くらい」と言っておくべきだ。無論、それでは要約にならない。受験では「文字数指定違反」は、間違いなくアウトである。

▲「生きられない」で終わっている子を通過させては駄目だ。遅い子がこの文を写したらどうするのだろう。ここでもまた無駄が生じる。間違いを消しゴムで消して、正しい文を写し直さなければならない。その要因を教師が作ってしまっている。

よいながめのある三年とうげ。」
C：「ながめのよい山があった。その山は言い伝えのある三年とうげ。」
C：「ため息がでるほどよいながめだが言い伝えのある三年とうげ。」
C：「言い伝えでながめの三年とうげ。」です。
T：はい。この中で、「これは違う」というのがあるでしょう。いませんか？（挙手させる。）
はい、〇〇さん。
C：□□さん（の文）は「言い伝え」がないから。
T：「言い伝え」がないから。
C：キーワードが抜けてるから。
T：抜けてるんだって。よく気づいたね。あと、「三年とうげ」を後ろにしてごらん。
T：（ある子に向かって、）じゃあ、〇〇ちゃん、どれか写してごらんよ。
あとは大丈夫？
T：じゃあ、今日は、（ノートを）新しいページにして。日にちを書いて。
（黒板を）写したか？一個、写しておきなさ

▲「これは違う」という要約文を子供に指摘させている。よって時間がかかる。キーワード・文字数制限等の規定を守っていない要約文は、即刻アウトである。子供に判定させるものではない。教師がテキパキと進める。このような「個別評定」は、スピードが命なのである。ゆっくりやるほどに、できた子は優越感を高め、できない子は劣等感に苛まれる。

▲「（黒板を）写しなさい」の指示も良い。これで全員が書くことができる。机に突っ伏している子はいなくなる。写させないと、教室は荒れていく。

いよ。写した？　最後にミニ評論文を書くから、書いとかないと。

えらいなあ、○○君は言われてないのに、日にちを書いている。日にちを書いた人？（挙手させる）

はい、Aと書いて。

T：第二場面要約。

（子供に向かって）書こうと思ってた？　かしこいなあ。

T：○○君、一行あけてごらん。（ある子へノートの書き方を指導する。）

T：じゃあ、○○君。教科書五一ページ。

はい、○○さん、○○君、○○さん、○○さんと他の人の一行交替読みで、第二場面を読みます。

「ある秋のことでした。」どうぞ。

（第二場面を音読する。）

T：そこまで、そこまで。ここが第二場面です。

▲「最後にミニ評論文を書くから」と言っている。これは単元の最後に「まとめの作文」を書かせるという意味である。これはとても良い。一時間一時間をきっちり学んでおかないと、最後に苦労することになる。それが子供にとって一つの枷（ロック）となる。だからしっかり学ぶのである。

▲「数名（教師指定）」対「他の全ての子」の交替読みである。映像では都合三回の音読場面があるが、全て形態が違っている。子供たちは飽きずに読んでいるのがわかる。

（では）要約（しなさい）。

今度は、書いたら持ってきなさい。

C：ねえ、先生。

T：手を挙げて、○○君。はい、なんですか。

C：これは、もう「おじいさん」を最後にして。

T：そうですよね、あ、言っちゃった。

（ある子に向かって）あのね、書きだした方がいいよ。先に、○○君は。頭の中で考えているより、一回キーワードを書きだした方がいい。

（子供たちがノートに書いている。）

T：キーワードに線を引いてね。

C：今、引くところ。

T：定規で線を引いてね。

C：あー、そうか。

T：そこを直そうとするところがえらいよ。

（子供がノートを持ってくる。書けた子供から黒板に書く。）

T：前の（黒板の要約）を参考にしていいからね。

C：できた人はどうするんですか。

▲ここ第二場面の要約では、読ませていきなり「要約しなさい」と言っている。最初からこれでよい。

▲子供が「おじいさん」を最後にすると言っている。主人公名で体言止めにする既習事項が残っているのだ。

▲子供たちは自分が考えたキーワードに線を引いている。これを教師が確認して、板書させる。良い流れである。

T：できた人は前を見て。自分と違う意見があるからね。

T：それでは、発表してもらいます。

（ある子に）いいの、写しておきなさい。

○○君。○○君。

C：「三年とうげで転んだおじいさん。」

T：はい。

C：「三年とうげでころんで病気になったおじいさん。」

C：「おばあさんは病気になったおじいさん。」

C：「三年とうげで転んで病気になったおじいさん。」

C：「三年とうげで転んで、おばあさんの家に行ったおじいさん。」

T：はい、○○ちゃん、今、読んだから、はい、次。

C：「三年とうげからながめてうっとりしたおじいさん。」

T：これ「ながめ」でしょ。（子供の書いた文字を直す。）

C：「おそろしい三年とうげで転び、病気になったおじいさん。」

C：「三年とうげで転び、ご飯を食べずに病気に →

▲「（板書が）できた人は前を見て、自分と違う意見があるから（見ておくように）」と追加指示している。これを繰り返せば「隠れ指示」として他の学習にも転移していく。

▲板書した子に読ませている。ここで教師が一つずつ素早く評定してしまえばよいのだ。

なったおじいさん。」
C：「三年とうげで転び、病気になったおじいさん。」
T：はい。○○ちゃんと○○ちゃんと○○君は、誰かと一緒です。誰と一緒ですか？
はい、○○さん。
C：○○さんです。
T：○○君。そうだね。「病気になって」「おじいさん」だからね。
（黒板に書いていた子に向かって）○○君、もどってくれる。（時間が）かかりすぎ。
はい、え〜、○○君。
C：はい、○○さんのやつ。
T：○○さんは、「病気」もあるけど、○○さんの場合は「おばあさん」が入っているんだな。
じゃ、この中で、これは違うっていうのは、ありますか？　○○さん。
C：はい、○○さんので、なぜならば、「おばあさんは病気になったおじいさん。」って、なんかちょっと変。
T：意味が通じない。どうですかって、聞いてごらん。どうですかって。
C：どうですか。
C：（子供たち）いいです。

ここの話し合いは無駄である。子供に言わせてどうなるものではない。そもそも「要約」は一人一人違って当然なのだから、全員分を個別に評定できるのは教師だけなのだ。教師の基準で、明確に評定してやらなければ、子供たちは何をやっているのかわからなくなる。

T：○○ちゃんは、前に書いたから、これがわかるんだよね。他の人も、勉強にもなるんだ。○○ちゃん、いいこと書いてる。他は？　以上でいい？
T：ざっと見てキーワードに、共通のものがあるよね。何が共通？　全部にあるもの。はい。○○さん。
C：全部にあるのは、「三年とうげ」。
T：「三年とうげ」は全部にあるよね。
もう一個あるよね。さんはい。
C：（一斉に）「おじいさん」。
（子供の書いた要約文の中の言葉にＡＢＣＤＥと記号をつける。）
（板書）Ａ「転んで」　Ｂ「病気」
Ｃ「真っ青」　Ｄ「おばあさん」
Ｅ「ながめ」
T：この中で、どれがよい、大事かと言うことを考えていくわけですが、まず、これは違うというのはありますか。はい、○○さん。
C：「ながめ」です。

▲「どれがよい、大事かということを考えていく」と言っている。考えてもよいが、話し合う（考えを出し合う）意味はない。

T：理由がいるでしょ。

C：はい、理由は、今回の二場面に……、あっ、でも、「うっかりしている」と書いている。

T：誰か、○○君のに付け足して。はい、○○さん。

C：間違っちゃうかもしれないんだけど、最初の部分に、メインがある。「おじいさんが転んだ。」

T：メインではないと。「ながめ」は一場面の方が大事であって、ここでは、「ながめ」より、「転んだ」の方が大事だということだね。どうですかって聞いてごらん。

C：どうですか。

C：（子供たち）いいです。

T：Eは消えると。（残っているのは）「おばあさん」、「転んで」、「病気」、「真っ青」。はい、○○さん。

C：はい。「病気」はおかしいと思います。まだ病気になっていないからです。

T：どうですか（と聞いてごらん）。

C：どうですか。

（手を挙げる子がいる。）

▲「理由」を問うても意味がない。「自分は大事だと思わないから」と言われたら終了である。それが国語の恐いところだ。子供に納得させる授業をするには、教師の仕切り（概念規定）が不可欠なのだ。

▲また話形指導が入る。ここまでやっていないのに、思いつきのように「どうですか」を強要している。なぜ他では強要しなくてよいのか。子供たちの頭は混乱する。そして「実は要らないのだ」と感知していく。教師が強要するから従っているだけだ。意味はない。

T：はい、どうぞ。いいよ。

C：ですけど、病気と書いてないと言っているけど、けれどもおじいさんと…。

T：何ページ、何ページ（かを言いなさい）。

C：五二ページに「病気になってしまいました」と。

T：今、○○さんが言った（教科書の）「病気」に、指を置いてごらんなさい。「けれども、おじいさんの病気はどんどん重くなるばかり。」「病気」と書いてある。

C：でも、それは第三場面だから。

T：はい。○○ちゃん、どう。

C：わかりました。

T：（第二場面に）もう一個あるよね。四行前に「とうとう病気になってしまいました。」と書いてあるね。ほら。
○○ちゃんのおかげで、みんなが勉強になる。はい。（手を挙げる子を指す。）

C1：僕は、「おばあさん」が違うと思う。おばあさんは出てきて、動いたり、しゃべったり、この場面ではしてないから…。

▲「○○ちゃんのおかげで、みんなが勉強になる」も同様に意味がない。これまで出された他の子の意見は「勉強にならない」と言っているのと同じだ。

C：（別の子が何か言う。）

T：違う、違う、座って言わないで。今は、C_1君が立って発言してるから、C_1君に権利があるんだから。言いたい人は、立って言わないと。

はい、C_1君。どうぞ、ごめんね。

C_1：おばあさんは、ここの場面で、看病はしてるけど、動いたり、食べたり、ここの場面ではしてないから。

T：してるんだけど、そんなに、大事じゃないってことだよね。どうですかって、聞いてごらん。

C_1：どうですか。

C：（子供たち）いいです。

T：いいですか？　おじいさんが病気になった方が大事だと。いいの？　Dの人。

そうすると、ここ（D「おばあさん」）が消えると。（残ったのは）「転んで」、「病気」、「真っ青」。

「病気」と「真っ青」は似てることにしていいですかね。「病気」になるから、「真っ青」になると。いい？

C：そしたら、「真っ青」の方がいい。

T：転ぶから「真っ青」になる。どっちだ、○○さん。はい、○○さん。

C：「転んで」はない。でも、なんか「転んで」

▲「座って言わない」という指示は大切だ。学齢の低い子ほど、椅子に腰掛けたまま不規則発言してしまう。容認できる場面はスルーでよいが、ここは駄目だ。きちんと発言ルールを守らせる。

▲一人が「いいです」と言ったら、出された意見を消去してよいのか？　教師がこのように誘導するのなら、最初から自分で評定すればよい。まだるっこしいスタイルを採っている。子供たちに「話し合わせている」という形式にしたいだけである。中身に意味はない。

もやって…。

T：転んで真っ青。

C：転んで真っ青になったけど、「三年とうげ」の方につながる。

T：では、「真っ青」を「転んで」に入れるとするならば、「転んで」か「病気」かで、考えてみましょうか。どちらも大事なんだけど。

じゃあね、（ノートに）一行あけて、「病気」が大事だという人は「病気」、「転んで」が大事だという人は「転んで」と書いてごらん。

C：僕の「真っ青」はどうなるの。

T：「真っ青」は「転んで」に入れて。「転んで真っ青」。

T：まだ、書いてない人、立ちなさい。はい、書いたら座ります。とりあえず書く。とりあえず書く。

（ある子に）こういうときは、○○君、座っていいんだよ。

（子供がノートに書く。）

T：はい、聞きますよ。「転んで」（が大事という人）？

▲「転んで」が大事なのか、「病気」が大事なのか、なぜそんなことを子供が話し合わなければならないのか。ここまでのやり取り、全て言いっぱなしで意味がない。「どうですか」という話形を指導しているに過ぎない。子供たちは早く「要約の仕方」を学びたいはずなのに、ずっとどうでもよい話し合いを強要されている。

手を挙げた人、まわりを見なさい。一、二、……一二。（人数を数える。）

「病気」（が大事という人）？一、二、……一一。（人数を数える。）

すこし意見を聞こうかな。

じゃあ、「病気」（という意見）の方から。

○○さん、「僕は病気です。……」（という言い方で発表して。）

C：僕は、病気です。なぜなら、「転んで」が、第二場面では一回くらいしか出てないけど、病気は五回くらい。

T：今、○○君の意見、非常にいいですよ。回数を数えている。

本当に、「転んで」は一回なの。誰か調べて。一回しか出てこない？

（子供が教科書を調べる。）

T：五二ページの、五二ページの三行目に、「石につまずいて転んでしまいました。」と書いてあるね、五二ページの三行目。

はい、「病気」は、何個出るの。

C：二個。

▲「頻度」でキーワード確定できるというのは、一つの考え方ではある。しかしこれも、そうではない場合が多々あるはずである。「頻度」を教えるならば、教師がそのように明言すればよい。

T：回数が少なくても、キーワードになる場合があるからね。

次です。「転んで」（の意見の人）で。○○さんと○○君。

ストップ。○○君みたいな（聞く人の方を向いた）体の向きがいいです。

C：僕は、「転ぶ」です。理由は、転ばないと病気にならないからです。

C：僕も「転んで」で、○○さんとちょっと似てるんだけど、転んだから病気になっているのだし、病気もそんなに第二場面では関係ないようにみえるから。

（子供の手が挙がる。）

T：発表が少ない人を優先だから。○○君だな。○○ちゃん、言ってごらんなさい。

C：「転んで」がなくて、もしも病気がなくて転んでばかりだと、転んだだけだから、別に病気になったから、町の人も心配してるから、やっぱ病気の方が大切だと。

C：転んで……。

T：「僕はどっち」を先に言っときなさい。

▲「発表が少ない人を優先」は良い。発言の基本的ルールの一つである。

C：僕は「転ぶ」です。なぜならば、転んでから、病気になるから、病気から転ぶになってないから。
C：なぜかと、転んで……、僕は「病気」です。えーと、転んでから病気じゃなくて、おじいさんがふとんにもぐりこみ、ご飯も食べずにふとんにもぐりこみ、病気になったから、おじさんが病気にしたんじゃないですか。
C：僕は「転んで」……。
T：僕は(どっちを先に言いなさい)。
C：僕は「転ぶ」です。おじいさんは、つまずいて転んだから、わざとじゃないです。
C：私は「病気」です。
T：いちばん遠い人に(聞こえるように発表しなさい)。
C：私は「病気」です。なぜならば教科書には、「ごはんも食べずにふとんにもぐりこみ病気になりました。」と書いてあるから、ころんで病気になってない。
C：それは、その寿命が考えられて、病気になったんじゃないですか。え、違うって、どこに書いてありますか。
C：先生、変えていいですか。
T：変えていいです。

いいよ、○○君。(手を挙げた子を指す。)
C：僕は「病気」で、なぜならば、病気にならなければ、三年とうげの言い伝えがなくなっちゃうかもしれないからです。
T：どうですか、どうですかって。
C：(子供たち)ちょっと考えさせてください。
T：いいですか。どうしても、あと言いたい人(はいますか)。じゃあ、立って。○○ちゃん。
C：さっき言ったのに、結構似てるんだけど。
T：私は、どっちかって(言って)。
C：私は「病気」です。なぜならば、あ……。
T：短く言ってよ。
C：僕は「転ぶ」です。なぜならば、ご飯とか食べずに病気になったけど、転んで真っ青になったのがきっかけだからです。
T：○○君。
C：○○さんと似てるんだけど、転んで自分の病気が、転んで寿命が少なくなったから。病気に。
T：○○君。僕は(どっちかを言います。)
C：僕は「転ぶ」です。なぜなら「ちいちゃんのかげおくり」で、「一人ぼっち」が一回しか出てないけど、大事なので、「転ぶ」も一回しか

話し合いが延々と続く。結果として要約文は書けるのだろうか？「討論」の形ばかりを重視するあまりに、肝心の学習内容(要約文)が貧弱になってしまう。冒頭の「授業の流れ」に徳本氏は「②……評定する」と書いている。評定は子供がすることになっている。「④……検討する」とも書いている。検討も子供がすることになっている。教師は何をするのだろうか。そもそも「評定」を子供にさせてよいのか。場合によってはあり得るだろうが、例えば通知表を子供同士で付けさせるのと同じことだ。教師の役割と、子供のすることが、ごっちゃになっている。まずはこのことの整理からである。

出てないけど、大事だと思うからです。

T：えらいなあ。

C：転んで真っ青になるっていったら、三年とうげじゃない場所でも、転んで真っ青になっても別に大丈夫だから、病気の方が、三年とうげで転んだというのを表すのに大事だと思います。

C：僕は、「病気」で、三年とうげで昔から言い伝えがあるけど、言い伝えはうそだったかもしれないし、その言い伝えを恐れていたおじいさんが、ご飯も食べずにふとんにもぐりこんで、病気になったと思うから。

T：だから「病気」ね。

C：ここの話では、三年とうげは本当のお話。ここにはないけど、お話の中には本当にあるから、うそではない。

T：前を向きなさい。今、発表した人、ノートに、トリプルAと上に書きなさい。

○○君。○○君は、どちらだと考えますか。

C：僕は、「病気」。

T：理由も言えたら最高。討論はどっちでもいいんだよ。どっちも大事だから。

えっとね。「病気」と「転ぶ」は近い。近いよね。どちらも大事。理由があればそう。まとめちゃえばいいだろ。

あるのよ、一個。誰の（要約）がまとまってるの？ 両方入っているよ。

はい、○○さん。

C：わかった。

C：忘れちゃいました。

T：○○さん。

C：□□さん（の要約です）。

T：○○ちゃん、（黒板の）どこ？

○○君の右側（にあります）。

「三年とうげで転んで病気になったおじいさん。」

「転んで」「病気」になったおじいさん。（両方）書いてある。

○○君のも（両方）書いてある。

T：はい、では、書いてない人は、誰か一人の（要約）を写したら終わりにします。

▲どうでもよいことに貴重な授業時間を費やした。よって、肝心の要約文が書けない子を山ほど残して授業を終えている。典型的なパターンだ。「書いていない人は……写したら終わり」は、授業の前半で一度やっておかなければならない。それを全員分きちんとノート評定して、二回目の要約に進ませる。この確認作業をやっていないので、何度やってもノートを持って来られない子が生じる。授業の基本原理が違っているのである。「話し合い」という形式へのこだわりが、大きな障害となっている。

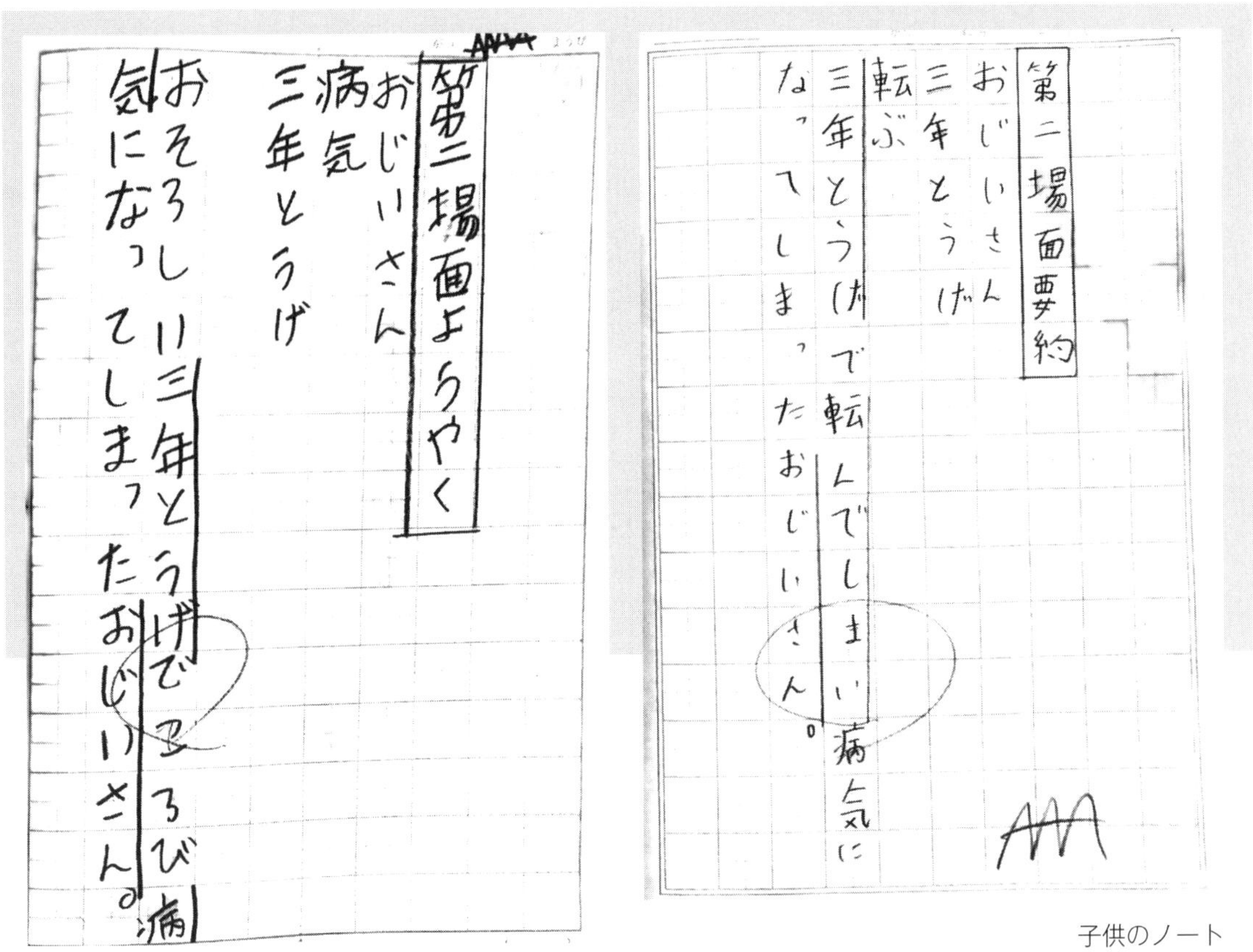

子供のノート

伴一孝より　授業全体について

徳本氏は柔軟な教師だ。文字起こしでは伝わらないだろうが、映像だと実によくわかる。終始にこやかで温かく子供たちと授業をやっている。もし徳本氏が、私が記したような技術と考え方を身につけたなら、すごい実践を創り出すだろう。子供に好かれる教師には特徴がある。ある意味で子供たちはガラス細工だから、荒くトゲのある教師は嫌いである。逆に弱々しすぎて生命（保護）力の低さを感知させる教師も嫌いである。どちらも反乱予備軍を醸成する。徳本氏は、明るくて品がある。よく勉強もしている。徳本氏がこれから「時間（経験）」の質を高め、この仕事の高みに登ることを楽しみにしている。

四年授業テキスト1 「ごんぎつね」 第四時

大木島 研

授業の流れ

❶「中心人物はごんなのか、兵十なのか」意見を発表する。
(1)発表の練習をする。
(2)ごんという意見の人と兵十という意見の人が、交互に発表する。
❷相手の意見に、賛成や反対、質問を言い合う。

自分の授業のよいところ・わるいところ

1 言葉の明瞭さ、明確さについて … 言葉が不明瞭で聞き取りづらいところがかなりあった。また、言葉に明確さもなく、何度か言い直しているところがある。

2 言葉の数について … 発する言葉が多い。そのため、授業が予定どおりに進まなかった。また軽重の付け方にも課題がある。細かなところに時間をかけ過ぎ、重要なところに時間をかけられなかった。

3 話し合いのさせ方について … 質問・反論などをさせる場面があるが、子供は自分の意見を発表するにとどまり、意見がうまくかみ合っていなかった。意見を出させっぱなしにしている。出された意見をさばき、深い学びに発展させていくための交通整理ができていない。

4 発表のときの教師の反応について … 子供たちが意見を発表する際の私の反応がまちまちである。ある子のときは反応し、ある子のときは反応しないことがあった。教師の反応を一定にしないと、子供が教師の反応を見て発表するようになってしまうと感じた。

発問・指示

(授業開始から七分間は、漢字および辞書引きの指導を行った。)

T：現時点で、昨日と変わってもいいので、中心人物はごんなのか、兵十なのか(を聞きます)。(挙手させて、人数を板書する。)

兵十だという人?(まわりを見て)仲間を探して。

ごん? 若干、兵十が多い。

昨日、それぞれの立場で理由を考えてもらいました。今日はそれを発表してもらいます。いっぱい、たくさん書いた人は、その中で、「まずは、これを言いたい」という一つを決めてください。他の人が言わなさそうなのを選ぶんですよ。その一つが決まった人は立ちます。あと五秒。

(子供が立ち上がる。)

伴一孝のコメント

▲漢字指導・辞書引き指導・音読指導は「授業」の中で行う。宿題で子供任せにはしない。プロ教師の基本中の基本だ。

▲前時にノートに書かせておいた意見を発表させる。これも秀逸だ。おそらく全員が自分の意見をノートに書いた状態になっている。ここからスタートさせねば駄目だ。「他の人が言わなさそうなのを」という指示も見事。的を射ている。

立った(意見を言える)子たちに、一度発表の練習をさせている。いきなり声を出させるのではなく、身体をほぐしてあげているのだ。本時は音読練習がなかったので、これも配慮の行き届いた指導だ。

いつもどおり遠くの人まで声が通るように、すらすら言えるように練習したら座る。どうぞ。

(子供それぞれが読む練習をして座る。)

T：はい、そこまで。

話し合いの形。

(机の体形を変える。)

「机を話し合いの形に動かしなさい」ではなく、短く「話し合いの形」と言っている。教師の発語は音数が少ないほどよい。

T：今日は順番にいきます。少数派の、兵十(という意見の人)から、発表してもらいます。終わったら、ごん(という意見の人が発表します)。いっぱい、たくさんいるので、間を空けずに言えるようにしてください。では、どうぞ。

「少数派の、兵十と言っている人達から」と指定して発表させている。「少数派から」というのは発表指導の基本である。自由にさせれば多数派の勢いが勝ってしまう。よって教師が少数派に配慮して優先権を与えているのである。

C：はい、中心人物は兵十だと考えます。なぜかというと、一六ページの二行目から三行目に「いつもは……元気のいい兵十の顔が今日はなんだかしおれていました」と書いてあるから、大きく表情が変わっているからです。

(次に発表する子がおらず、静かになる。)

T：間、あけない。

ほんの少しの間だ。これが自然な形である。「途切れることのない発言」というのは理想だが、タイミングが合わないなど、様々な事情があって間が空く。そこを違和感なく調整するのが教師の仕事だ。

C：僕は兵十だと考える。理由は、第四場面の一〇行目に、「おっかぁが死んでからは……」と書いてあるからです。

C：はい。私は、中心人物は兵十だと考えます。なぜなら、二八ページの八行目に、「ごんをどんと打ちました」と書いてあるからです。

T：〇〇君、かしこい。前の人が発表している間に立っている。そうすると間をあけずに発表できる。

「前の人が発表している間に(次の子が)立っていた」ことを教師がすかさず褒めている。大切な指導だ。一人の子が立って発言している間に、次に誰が発言するのかを子供同士で調整できるのである。

C：僕は、中心人物は兵十だと思います。なぜなら、一一ページの一〇行目に「このぬすっとぎつねめ」と書いてあるからです。

C：はい、私は兵十だと考えます。なぜなら…(聞き取れない)…心と行動を大きく変えたからです。

C：僕は、中心人物は兵十だと考えます。なぜなら、気持ちを変えたからです。

T：兵十派の人、他にいませんか。じゃ、ごん派の人、どうぞ。

兵十派の意見が出尽くしたところで、反対派の発言を促す。これも定石通りだ。

C：僕は、ごんが中心人物だと考えます。八、九ページに、兵十の紹介はしていないからです。

C：中心人物はごんだと考えます。なぜか。題名に「ごんぎつね」と書いてあるからです。「レイトン教授」（ゲームの名前）を思い浮かべてください。あのゲームも主人公の名前が題名になっています。だから、「ごんぎつね」も、ごんが中心人物です。

C：僕は、中心人物はごんだと考えます。なぜなら、いちばんごんが出ているからです。

C：僕は、中心人物はごんだと考えます。最初の説明のところに、兵十のことは書いていないからです。ごんのことは書いてあるのにです。これはごんのことを中心人物だと証明していることではないですか。

C：僕は、中心人物はごんだと考えます。なぜなら、九ページの二行目に「とうがらしの…（省略）…」と書いてあるからです。

C：中心人物はごんだと考えます。なぜなら…（省略）…。

C：はい、中心人物はごんだと考えます。なぜなら、題名に「ごんぎつね」と書いてあるからです。

C：中心人物はごんだと考えます。その理由、ごんは最初はいたずらなんだけど、それが変わる

ごん派の意見は一九名連続で発表される。多数派なので勢いがある。初めにこれをやられると少数派の六名はけおされてしまう。

ごん派の子供たちの論点は「題名」「頻度」「解説（視点）」「行動（思考）変容」「発言（会話）数」の五つである。

この間、映像では一人の男の子が黒板前で立って身体を動かしている。おそらく発達障害を有する子だろう。身体を動かすことで脳内にエンドルフィンが分泌され安定していく。他の子の学習活動に害を及ぼさない限り、これが許容されている。教師の認識の高さが表れている。間違いなく良い学級である。

からです。

C：はい、私は、中心人物はごんだと考えます。なぜなら…（省略）…。

C：私は、中心人物はごんだと考えます。なぜなら人間のように…（省略）…。

C：私は、中心人物はごんだと考えます。理由は、最初はいたずらばっかりしていたけど、最後はくりとかを持っていって、優しくなったからです。最初と最後で行動が変わっているので、ごんだと思います。

C：僕は、中心人物はごんだと考えます。なぜかというと、大きく変わっているからです。

C：私は、中心人物はごんだと考えます。なぜなら百ページの四行目に、「…（省略）…」と書いてあるからです。

C：私は、中心人物はごんだと考えます。なぜなら…（省略）…。

C：僕は、中心人物はごんだと考えます。理由はごんのお話で、ごんの言葉が多いからです。

C：私は、中心人物はごんだと考えます。理由は八ページから二五ページまでごんが登場しているし、ごんが殺されてからはストーリーがない

▲「人間のように」と発言している。これは「主人公（中心人物）」の定義である。人間もしくは人間のように「会話」している生き物が一つの条件となる。後が「頻度」や「視点」「行動（思考）変容」である。他の要素は関与しない。おそらくこの授業は、中心人物の定義をおさえた上で、その活用・転移を意図したものだ。

「ごん派」が多数になっている状況は安定的。反面、面白味がない。「兵十派」が多数派に揺さぶりをかける材料を（教師が）用意しているかどうかである。

からです。

C：はい、私は、中心人物はごんだと考えます。ごんは、最初はいたずらばっかりしているのだけれど、最後の方は…（省略）…。

C：私は、中心人物はごんだと考えます。最初にごんの紹介が書いてあるからです。もし、中心人物が兵十なら、ごんではなくて、兵十の紹介を書くと思うからです。

C：中心人物はごんだと考えます。なぜなら…（省略）…。

（前の方でずっと体を動かしている男の子がいる。発言しようとしている。）

T：（その子に向かって）教室の後ろに届くように▲

（言うんですよ）。

C_1：（大きな声を出す。）

T：（他の子供たちに向かって）応援（して）。

C_1：（何か言おうとする。）

T：そこで息を（大きく）吸い込まないで。

（教室の子供たち笑う。）

C_1：何て言えばいいの？

この「教室の後ろに届くように」は、前で動いていた男の子に対する促しである。わざと声を出させて安定させる（力を発散させる）手立てだ。重要な配慮だ。それも柔らかく、他の子に「応援」と促して、収束させた。実に周到だ。その子に声を出させたあとは、発言直前に「そこで息を吸い込まないで」と学級全体の笑いを取っている。男の子は安定した状態で「何て言えばいいの？」と問い返す。ここでまた学級全体が笑っている。重要な局面だ。そして「お待たせしました」は、再度その子への促しだ。拍手は、その子に対する学級全体からのものである。この学級では、こういった指導がしばしばなされているに違いない。だから、この男の子は安定して学級で過ごせているのだ。

（教室の子供たち笑う。）

T：（次の子に）じゃ、お待たせしました。どうぞ。

T：○○さん、○○さん、自分から立って、発表の仕方が上手になりましたね。

（子供から拍手が起こる。）

もういませんか。（次の子に）○○さん、いいよ、どうぞ。

C_1：中心人物はごんだと考えます。理由は八ページの最初の方にごんの紹介が書かれていて、「これはごんのお話です」というメッセージが込められていると思ったからです。

C：中心人物はごんだと考えます。理由は、題名にごんぎつねと書いてあるからです。

C：中心人物はごんだと考えます。理由は、ごんは人のように考えたり、しゃべったりしているからです。

C：私は、中心人物はごんだと考えます。理由は…（省略）…。

C：中心人物はごんだと考えます。…（省略）…。

この男の子は突然「これはごんのお話です」と書いてあると指摘する。立派に読めている。やはり知性が高い（高機能）障害を有している子供なのである。▲

続いて「ごん派」が五名連続して発言している。通算で二四名。

T：○○君も、発表が上手になった。
（拍手が起こる。）
もういいですか。よっしゃ、○○君どうぞ。
C：僕はごんだと思います。理由は、題名にごんぎつねと書いてあるからです。
C：中心人物はごんだと考えます。題名にごんぎつねと書いてあるからです。
T：（発表が）上手になったね。ここまで発表できた人？　ノートにAAと書いておきます。言おうと思ったけれど、時間がなくてできなかった人もいると思います。その人はAと書いておきます。

▲後半は声の小さい（自信のない）子たちが立って発言している。教師は、三名の「発表が上手になった子」を取り上げて褒めている。重要な場面だ。一人一人を具体的に紹介し、他の子たちが自然に拍手で賞賛している。柔らかくて温かい学級だ。さらに教師が「あと二～三名」と発言を促している。こうして「ごん派」通算二六名の発言が引き出されている。

▶これは自己評定だが、ノートに赤鉛筆で記させることによって、次の発言を誘発する。大切なポイントである。さらに「発表しようと思ったけど、ちょっと時間がなくてできなかった人、Aと書きなさい」と詰めている。このことによって、今回は発言できなくても、発言の「意志」があった子は認められた（A評定）と学習する。こうして学級全体の発言意欲を高めていくのである。

T：では、ここから話し合いに移っていきますが、まずは、ごん派の人で、「題名にごんぎつねと書いてあるから」と書いた人は、どれくらいいますか。
（挙手させる。）
T：では、C_2君、立って。それについて発表して。それについて、この前やったみたいに、質問だったりとか、賛成だったり、反対だったりを言ったりします。では、C_2君どうぞ。
C_2：中心人物はごんだと考えます。なぜか。題名にごんぎつねと書いてあるからです。「レイトン教授」（ゲームの名前）を思い浮かべてください。あのゲームも主人公の名前が題名になっています。だから、「ごんぎつね」もごんが中心人物です。
C_3：はい、僕はC_2君の意見に賛成です。なぜなら、「コナン」（アニメの名前）を思い浮かべてください。あの話も、主人公は題名のコナンだからです。

▲ここから「討論」の形態に移っていく。ここまでは自分がノートに書いた意見を「発表」しているわけだ。「発表」と「討論」ではレベルが全く違う。意見が分散してしまっては「発表」と同じになる。意見を集約させるために、教師が論点を明確に示す。その場面がここだ。「題名に『ごん』と書いてあるから」中心人物は「ごん」なのだとする意見だけを取り上げる。その意見に対する賛否に限定することで、論理を詰めていくのだ。

▲ここからは「ごん派」と「兵十派」の例示合戦となる。子供たちの発言に「○○を思い浮かべてください」が頻発する。これは、この話形が事前に指導されているということだ。つ

C：はい、僕はC_2君の意見に反対です。なぜなら「ドラゴンボール」（アニメの名前）を思い浮かべてください。中心人物の名前は孫悟空です。C_2君の言うとおりなら、題名は孫悟空になるからです。

C_3：はい、僕はC_2君の意見に賛成です。なぜなら「アンパンマン」を思い浮かべてください。アンパンマンは、他にもジャムおじさんとかバタコさんとかが出てきます。そして…（省略）…。

C：はい、僕はC_2君の意見に反対です。その理由は「ドラえもん」を思い浮かべてください。題名はドラえもんだけれど、中心人物は「のびた」の可能性もあるから、ごんぎつねも「ごんぎつね」だけど、兵十が中心人物かもしれないからです。

C_4：はい、C_3君の意見に反対です。アンパンマンの話は長すぎました。君の意見はグーグルで調べてみたら、ドラえもんが主人公でした。

C_3：僕は、C_4君の意見に反対です。アンパンの話は長いです。だから話を長くしました。

C：はい、私はC_3君の意見に反対です。今はアンパンマンの話ではありません。

C：僕は、C_4君の意見に反対です。ドラゴンボールも話は長いです。だからいいと思います。

まり、「題名」が中心人物特定の理由になるかどうかは、既に学習済みなのである。そうでなければ、このような討論にははらない。この授業は、それを確認・定着させるために組み立てられたものである。

T：はい、一回ストップします。

題名がレイトンというのは、ゲームの登場人物ですか?

（子供たち：そうです。）

そのゲームは中心人物がレイトンで、題名にもレイトンと入っていると。他にもコナンやアンパンマンもそうだと。中心人物と題名が一致しているから、ごんぎつねの場合もそうじゃないかという意見ですね。

かと思えば、ドラゴンボールのように題名と中心人物は必ずしも一致しないという意見も出ましたね。ということは、これだけでは、題名のことだけでは決められないということでいいですか?

T：では、次、中心人物はごん派の人で、ごんぎつねの「ごんが、最初と最後でがらっと変わっている。だから、ごんが中心人物だ」と、そういったことを書いている人が何人かいましたね。書いた人?

▲ここで教師がストップをかけている。大正解である。子供たちは「ゲーム」や「アニメ」の話になると、既存の知識をフル活用して権威を誇示しようとする。わかりやすい。しかしそれは、その「ゲーム」や「アニメ」を知らない子供たちにとっては「宇宙言語」である。意味がない。だから整理を加えたわけだ。発言意欲を引き出しつつも、全体の様子を見てブレーキをかける。教師にしかできない仕事である。

▲続いて「行動（思考）変容」だけを取り上げる。最初の「発表」から一人を取り上げて、再度発言させる。こうして整理をさせていくのである。

（子供に挙手させる。）

T：では、C_5さん、さっきの意見をもう一度お願いします。

C_5：はい、私は、中心人物はごんだと思います。…（聞き取れない）…理由は、ごんは最初はいたずらばかりをしていたけれど、最後は栗などを持っていって、優しくなっている。登場人物の中でいちばん変わったのはごんで、だから、ごんが中心人物だと思います。

T：では、今のC_5さんの意見に対して話し合いを始めます。じゃあ、それに対して、兵十派の人は「いや、兵十もそういうところが変わった」とか、そういうことを発表してください。どうぞ。

C_6：はい、僕はC_5さんの意見に賛成です。「ゼロワン」を思い浮かべてみてください。ゼロワンも話の中で変化します。そして、ゼロワンが中心人物です。だからごんも同じだと考えます。

（複数名、同時に話そうとする。）

▲論点「題名」のときと同じように、話形「○○を思い浮かべてください」が登場している。子供たちの思考としては当然だろう。楽しかったのである。しかし同様に「宇宙言語」になってしまう。なおかつ「兵十派」からは例示が出てこない。作品中の「おっかあの死」だけが根拠となっている。例示ができないということは、少数の「兵十派」がより不利になる。

T：こういうときに、あんまり言っていない人、いるでしょ。まわり見て、あまり言っていない人を優先させてあげるんですよ。あまり言っていない人から、どうぞ。

C：C_6君に質問です。ゼロワンとは何ですか。

C_6：ゼロワンというのは仮面ライダーです。

T：（何かを言おうとした子に）まわり、見て。他の人が発表しているでしょ。

C：はい、私はC_5さんの意見に反対です。理由は…（省略）…。

C：C_5さんの意見に反対です。理由は、兵十のおっかあが死んでから、ごんが優しくなったから、おっかあが死んでなかったら、変わっていなかったと思うので、ごんではないと思います。

C：私は、C_5さんの意見に賛成です。

C：私は、C_5さんの意見に賛成です。なぜなら…（省略）…。

C：僕は、C_5さんの意見に賛成です。なぜなら本当のことだからです。…（シンデレラの例を出す。話がずれてしまう)……。

T:では、一度ストップ。話がずれてしまった。今、C5さんが出してくれた話題は、とても重要です。「クライマックスでは、中心人物の考え方や行動、もしくは状況がガラッと変わる」というのは、前に勉強しました。

では、このお話でいうのなら、最初と最後では、いちばんガラッと変わったのは、ごんですか？ それとも兵十ですか？ 近くの人と話し合ってごらん。

(子供が近くの人と意見を言い合う。)

T:では、ストップ。

こういった話し合いのときに、ただ、単に「ごんだ」「いや、兵十だ」というよりも、文章を根拠にしなければいけません。

例えば「最初はこうだったのに、最後はこういうふうに変わったと書かれている」というようにです。教科書のことばをもとに説明ができると、説得力が増しますよね。「ごんだったら、最初はこうだったのに、最後はこう変わった」、「兵十は、最初はこうだったのに(こう)

▲ここでストップをかけたのも正解である。「宇宙言語」応酬では学習にならない。「クライマックス」では中心人物の考え方や行動、もしくは状況がガラッと変わることは既習事項だと言っている。ならば「クライマックス」を特定しなければ話にならない。「ごん」が変わったのは、兵十の母の死を自分のせいだと思ったとき。「兵十」が変わったのは、ごんを撃って、その善意に気づいたとき。どちらがクライマックスかは自明のことである。ならばこの作品の中心人物は「兵十」なのか？ そこを討論させたら、深い授業になるだろう。

変わった」と、説明ができると説得力が(増します)。

ちょっと作戦タイムを取ります。兵十派の人？ 教室の前に集まって作戦タイム。ごん派の人？ (教室の)後ろで作戦タイム。

では、移動して。始め。

(それぞれに分かれて、話し合いをする。)

T:では、そこまで。一度、席に戻ります。今度は、兵十派の人から言ってもらいます。「兵十はこんなふうに変わっている」とね。では、どうぞ。

C7:はい、私は、兵十がいちばんガラッと変わったと思います。理由は二五ページの……。

T:ストップ。ここで、二五ページを開いて見るからお勉強になります。見てないと勉強にならない。

ごめん、続きをどうぞ。

▲「ごん派」と「兵十派」に分かれて作戦タイムを設定している。例示(宇宙言語)合戦を離れて、子供たちの眼を作品に向けさせるための手立てである。空気を変えたのだ。これは正解。重ねて「教科書の言葉をもとに」と限定を加えて、宇宙言語をシャットアウトしている。

しかし論点は混乱する。「いちばん変わった」のは「ごん」であるのに、「クライマックス」で変化しているのは「兵十」だからだ。ここからは苦しい議論になる。「クライマックスで変化しているのは兵十。だから中心人物は兵十」という意見を取り上げて(確定して)、そこに賛成・反対で議論させなければ、整理のつけようがない。

C7：二五ページの後ろから三行目に「兵十は火縄じゅうをばたりと落としました」と書いてあります。もし、ごんが栗を持ってきていなかったら、兵十は、まだ火縄じゅうを落とさずに持っていたかもしれません。なので、兵十がいちばん変わったんだと思います。

C8：僕は、中心人物はごんだと考えます。なぜなら、ごんは最初はすごくいたずらをしていたけど、兵十のおっかあが死んで、「うなぎを食べたかったんだな」と思ってからは、すごく優しくなったからです。

C：僕は、C8君の意見に賛成です。僕も、おっかあが死んでから、ごんは優しくなったと思うからです。

C：私は、兵十がいちばんガラッと変わったと思います。一六ページの二行目を見てください。「兵十は今までおっかあと二人でまずしい暮らしをしていて、おっかあが死んでしまってからは、ひとりぼっち」と書いてあるから、兵十がいちばん変わったと思います。

C：僕はC7の意見に反対です。「火縄銃を落としました」と言ったけれど、置いてあっただけかもしれないからです。

「母親が亡くなって独りぼっちになった」だから兵十がいちばん変わった。この意見は象徴的だ。「変わった」の意味が「心情」ではなく「状況」になっている。四年生は主観と客観の境界線に住む年代だ。「自分のこと（主観）」として考えたとき、「母親を亡くす」というのは想像がつかないほど大きな事件である。ここから緩やかに、作品を作品として読む客観の世界（大人の眼）に移行させていくのが、四年生を育てる教師の仕事である。

T：では、途中ですが、時間になってしまうので。今日、まだ一回も発表して意見を言えていない人で、今の（意見）に関連してでもいいし、それ以外でもいいです。言っていない人、何かあればどうぞ。

（挙手する子供はいない。）

大丈夫かな。

では、机を前に戻して。

（机の位置をもとに戻す。）

T：最後に、現時点で、もう一回聞いてみます。ごんなのか、兵十なのか。聞いてみます。ここで意見が変わってもいいんだよ。友達の意見を聞いて、自分の意見が変わったり、あるいは変わらなくても、考えが深まることが大事です。

では、中心人物はごんだと思う人？

「まだ一回も発表して意見を言えていない人」を確認するのも大切な技術である。一人もいないと思っても、念をおしてあげる。この繰り返しなのである。

やはり「いちばん変化があったのはどこか」の確定からという話になる。そうしなければ、論点がバラバラで収拾がつかないのである。ただし、これは答えを「特定する」という意味ではない。国語科の解はバラバラでよい。解釈の違いが、人によって厳然とあり、それが認められる学問だからだ。しかし、論点がバラバラでは、頭が働かない。よってその整理こそが、国語科教師の仕事なのである。

兵十だと思う人？（人数を確認する）

多数決ではないので、人数だけが重要ではありません。

次回、○○さんが、「ここがいちばん変わった」というところを発表してくれましたので、そこについて、いちばん変化があったのはどこなのかを考えてみます。終わります。

伴一孝より　授業全体について

大木島氏の学級映像も素晴らしかった。若くしてこのように子供たちに配慮の行き届いた教師を、私は数えるほどしか知らない。大木島氏の良いところは、技術の選択にほとんど間違いのないところだ。的確に「技術の引き出し」から、その場に最適・最良なものをセレクトして子供たちに提供している。「引き出し」の多い教師ほど、子供たちに好かれ、子供たちに力をつける。勉強量と練習量の差が瞬時に発露される、厳しいプロの世界である。学級の子供たちは、楽しく幸せな毎日を送っていることだろう。大木島氏の五年後・十年後を見てみたい。おそらく同年代の教師の何倍もの良い仕事、良い学級を創り上げていることだろう。

四年授業テキスト2　「ごんぎつね」第六時

大木島　研

授業の流れ

❶前時の授業内容と「クライマックス」、本時のねらいを説明する。本時のねらい「中心人物が兵十の場合、クライマックスはどこか」

❷教科書を音読する。

❸「かけよる」の言葉を確認する。

❹「かけよってきた」とき、兵十が思っていたことをノートに書き、発表する。

❺「兵十がごんのことを思っていた」という証拠はあるか検討する。

自分の授業のよいところ・わるいところ

1　指示・発問について…向山洋一氏の授業案をもとにして授業を行った。自分の力量や子供の実態を踏まえ、そのまま追試することは難しいと判断し、修正追試をした。しかし、そのぶん言葉が増え、授業がシンプルでなくゴテゴテしてしまった。

2　ノートチェック…ノートを持ってこさせるときに列ができてしまった。もっと素早くチェックし、空白の時間ができないようにすべきだ。

3　声かけの仕方…ノートをチェックする際の声かけが、まちまちであった。たくさん声をかけている子もいれば、そうでない子もいる。もっと明確に、端的に、平等に声をかけるべきであった。

4　教態について…私が動きすぎている。前に立ったときは、ふらふらと動かずにビシッとしたい。特に重要な指示を出すときは、そのことを意識したい。子供が集中しにくくなると感じた。

発問・指示

（授業開始から七分間は、漢字および辞書引きの指導を行う。第四時の続きとクライマックスについて第五時に学習し、その次の時間の授業である。）

T：前回（第五時）、中心人物は誰かということと、もし、ごんが中心人物ならば、クライマックスはどこかについて考えてもらいました。どういう場面がクライマックス（だった）？

C：ごんが中心人物なら、ごんが打たれてしまった場面。

伴一孝のコメント

▶最初の一四分間程度（前時は七分間）を漢字練習・辞書引き指導にあてている。国語の授業は毎日あるので、週に平均三五分間としても、月に一四〇分間（二時間二〇分）、年に二〇時間超となる。これを宿題等でやらせている学級とは天地の差がつく。これのない授業は国語科ではない。

▶この作品は、構造的に最終場面以外が「クライマックス」ということはあり得ない。なのに「ごんが中心人物ならば」と付帯条件つきで説明している。順序が逆である。この作品は「クライマックス」の確定が先で、次に中心人物の確定が来るのである。

T：いろいろな意見があったけれども、だいたいそのあたりじゃないかとなりましたね。そして、クライマックス前後のごんの変化として、いくつか意見が出ました。どんな考えが出ましたっけ？

C：元気だったごんから、死にそうなごん。

C：「栗をあげていたのは神様」と思われていたことから、「ごんおまいだったのか」とごんがつぐないをしていたことに気づいてもらえた。

T：そういった意見が出ましたね。ごんと兵十と、どちらが中心人物か、まだ決着がついていなくて、どちらがいいという話をしましたね。

じゃあ、今回は、「兵十が中心人物だったら、クライマックス、いちばん盛り上がるところはどこなのか」というお勉強をします。

そして、何人かの人が「途中でがらりと変わるから」ということを理由に挙げていました。

中心人物の考え方や立場がガラリと変わる場面のことをクライマックスといいます。映画にしたときに、いちばん盛り上がるシーンです。

今日は、兵十が中心人物だとするならば、クライマックスはどこなのかを考えていきます。

▲「兵十が中心だったらクライマックスはどこか」という話も、子供を作品から引き離してしまう。「いたずら狐」の死と、「自分の母親」の死では、兵十の人生に与える影響（ショック）は雲泥の差がある。なぜこのような、子供を作品から乖離させ「主観」の世界に引き戻す発問をするのか、意図が不明である。

T：では、一二三ページ、六場面。六場面を高速で読んだら座ります。全員、起立。
（各自が音読をする。）

T：では、いったん座ります。

座っても読んでいた人？　はい、賢くなる。

ノート開いて。同じスピードで写す。

（「兵十」と板書する。）

最後の場面、ごんは兵十によって打たれました。そして、ごんはたおれました。そのあと、教科書には、兵十は「かけよってきました」と書いてあります。

こっち見て。（子供に注意する。）

「かけよる」とは、どういう意味ですか。一年生にもわかる言葉で説明しますよ。

隣同士（で相談しなさい）。

（子供たちが相談をする。）

T：はい、発表。

C：はい、走ることです。

C：はい、走って寄ることです。

C：走って、近くに行くことです。

▲「読んだら座ります」の指示は良い。この予定指示の後で、「全員起立」と作業指示を追加する。逆は駄目である。予定（趣意）が示された後で具体的に作業させる。作業指示を先行させると、子供は作業に没頭してしまい予定指示を聞きもらしてしまう。この順序は、指示の原則の一つである。

▲「かけよってきました」を扱うのは良い。これも「ごんぎつね」の授業では王道である。必ず扱わねばならない。

▲まず語意を説明（予想）させている。これも良い。子供たちは実に元気よく、はきはきと自分の考えを述べている。良い学級だ。

C：急いで、近くに行くことです。

C：相手のいるところに行くことです。

T：どれもとってもよいですが、少しずつ人によって違いますね。では、正確な意味は何なのか。どうしたら調べられますか。

（子供が「国語辞典」と答える。）

そうですね、調べて。

（子供たちが辞典で調べる。）

C：ありました。

T：見つかった人は、自分で小さい声で読んでいてください。

では、○○さん、お願いします。

C：走って近づく。

T：「走って近づく」、そのように書いてあった人？違った人？（挙手させる。）

はい、○○さん。

C：走ってそばに行く。

T：（子供を注意する。）ストップ。しゃべるな。聞こえない。

T：「走って、そばに行く」、同じことが書いてあった人？（挙手させる。）

では、辞書、閉じて。

▲子供たちは自分で辞書を持っている。これも最近は少ない。図書室に借りに行かせる学校が多い。子供に一人一人辞書を持たせないのだ。話にならない。AIが教室に導入されるまでは、辞書は必需品である。これだけでも、見識のある学級・学校である。

▲「かけよる」の意味を辞書で確定した後、きちんと辞書をしまわせている。これも大切な指示だ。手元に情報・物品が多いと、どうしてもそちらに気を取られる子供たちがいる。

ここから問題を出していきます。写しなさい。

（「かけよっていくとき、兵十は何を考えていたか」と板書する。）

（子供が何人か「書けました」などと言う。）

T：読みます。さんはい。

C：（一斉に読む。）かけよっていくとき、兵十は何を考えていたか。

T：兵十は、ごんが家の中に入るのを見つけて、ごんを打ちます。そして、かけよってきた。走ってそばに行ったんですね、ごんのそばに。

（子供を注意する）こっち見て。こっちを見ていない。

かけよってそばに行くときに、何を考えながら、かけよっていたのですか。

T：（ノートの書き方を指導する。）一行あけなくていい、隣に「こういうふうに考えていた」ということを書きます。

▲「問題を出していきます」は意味がわからない。「兵十が中心人物だとするならば、クライマックスはどこなのかを考えていきます」と教師が直前に述べているのである。つまり、「兵十が中心人物だとするならば、クライマックスはどこなのか」はどうでもよいこと（問題）だと教師自身が証明している。

▲「かけよっていくとき、兵十は何を考えていたか」これもわからない。いろいろな「思い（考え）」があったはずである。何百・何千と想定できるだろう。このように、考えても無駄な問題（発問）、本文中に書かれていないので読者（子供）の主観で答えてよい発問はしないことである。おそらく、

書けたら持ってきます。

もう一回、言うよ。ごんを打ちましたね、兵十は。そして、ごんのそばにかけよっていく。そのかけよっていくとき、兵十は走っていく。つまり、走りながら、兵十は何を考えたか。

はい、書けたら持ってきます。

（ノートを持ってきた子から板書させる。）

T：では、○○君から順番に読んでください。

（板書した子に書いたことを読ませていく。）

C：ごん、大丈夫かな。

C：もう、いたずらはさせないぞ。

C：ぬすっとぎつねめ。

C：ごんに、当たったかな。

C：いつも栗をくれていたのはごんだったのか。

T：難しい人は、黒板を参考にして書いておきます。

じゃあ、全員、こっちを見なさい。

今、黒板に、皆さんの書いてくれた意見を見ると、どれも「ごんのことについて考えていた」ということですよね。（子供の板書を例示する。）

同じように、兵十は「ごんのことについて考

大木島氏に何らかの制約（学校の授業スタイル等）があったのだろう。

▲「ノートに書けたら（教師に）持ってくる」これも良い指示だが、何を書いてもよいのだから、貴重な授業時間を使ってやらせることではない。

▲「ごんのことについて考えていた」というのは浅薄な見方である。自分の家に強盗が入って、それを自ら撃退したとき、まず考えるのは「何か（家の物が）盗難・破壊に遭っていないか」である。強盗のことならば「ちゃんと反撃・逃走不能の状態にできたか」くらいである。この場合、強盗は倒れているのだから、普通

えていた」という人は、どのくらいいますか。

（子供に挙手させる。手が多く挙がる。）

T：本当に「兵十はごんのことを考えていた」ということでいいですか。本当に？

証拠はどこにありますか。証拠を探しなさい。

もう一回、言うよ。ごんのことを考えていたという証拠を探しなさい。

（子供たちが教科書から探す。）

T：見つかった？　本当？　証拠はあった？

（挙手する子が出はじめる。）

見つかった人？

はい、○○君、言って。

C：二五ページの二行目と三行目。「ごん、おまいだったのか。いつもくりをくれたのは」のところです。


まずは「自分の家」のことを考える。しかし、「考える」内容を問うているのだから、何でもアリだ。意味がない。

▲「兵十はごんのことを考えていた」という証拠を探せと指示している。ゆさぶりをかけているのだ。その意味はわかるが、やはり無駄である。「ごんのことを考えていた」かもしれないし、「家のことを考えていた」かもしれない。いやいや全く違うことを考えていたのかもしれない。真実は、この作品の表記からは読み取れないのだ。

▶「ごん、おまいだったのか」を証拠として子供が出している。普通である。作品としてはそう読むしかないのだ。教師が「証拠を出せ」と指示したからである。確証がないならば、傍証を出してくる。これは大人の裁判でも同じことだ。それを誘導しているだけだ。

T：これが証拠だと思った人？　いや、ここは証拠にはならないと思う（人）？　（挙手させる。）

T：これはね、意見はとってもいい。とってもいいんだけど、「兵十はかけよってきました」ということは、このセリフを走りながら言っているということですか。

「ごん、おまいだったのか。いつもくりをくれたのは」と走りながら言っている？　（実演してみせる。）

というふうに考えると、意見はとってもいいんだけれど、これはちょっと違うかもしれない。他に証拠はありましたか。はい、○○君。

C：うーんと、考え中です。

T：考え中。はい、他？　○○君。

C：二四ページの一行目。「またいたずらをしにきたな」。

T：そこだと思う人？　証拠はそこにある？

いや、そこは違うと思う人？　（挙手させる。）

「かけよってきました」というのは、何行目にありますか？

（子供たちが「一〇行目」と言う。）

「走りながら言っている」のは不自然だとしても、走っている間は声が出ないから立ち止まってから発語したとも考えられる。「考えた」のは走っている途中かもしれないのだ。こういう「文章から確定できないこと」を尋ねる（発問する）と、知性的な子たちは次から次に反証を考える（表明するしないは教師との力関係による）。教師よりも頭が回るわけだ。こういう子たちには、周到に論理展開を詰めて授業しなければ、ナメられる。

T：ということは、「またいたずらをしにきたな」と思ったあとに、かけよったんですよね。意味がわかりますか？　ごんが入るのを見て、「またいたずらをしにきたな」と思ったんですよね。この時点では、まだかけよっていない。でも、とってもいい。みんなの考える材料になった。

まだ、証拠がある。

はい、○○君。

C：二四ページの後ろから二行目。「おや」というところ。

T：はい、これもさっきと一緒。（実演してみる。）これは、「おや」と走りながら言っているのですか？

かけよってきてから、時間があいているからね。他（に意見はありますか）？

C：二九ページの二行目。「兵十はびっくりしてごんに目を落としました」

T：なぜ、そこが証拠になりますか？　と、言われると困っちゃうよね。ごんのことを考えているという証拠はどこにありますか。

隣同士、言ってください。

喋り過ぎである。音数が増えるほどに、低位の子たちはわからなくなる。聞いているふりをする。頭の中は別のところに飛んでいるのだ。

はい、前を向いて。○○さん、どうぞ。
C：二四ページの……。
T：今、二四ページを見ている人？　よし。
C：二四ページの一一行目「中を見ると、土間にくりが固めて置いてあるのが目につきました」だから。
T：はい、それが、なぜ証拠になる？
C：かけよって打ったあとに、土間のくりに気がついたから。
T：はい、土間にくりがあったことに気がついたとき、兵十はかけよっているのですか。
C：ない。
T：この時点で、走っているかはわからない。その前に走っていることはわかる。
ということを考えていくと、「兵十がごんのことを考えていた」という証拠は、教科書から見つけられないんですよ。
もっと言うならば、兵十が何を考えていたのかは、平仮名五文字、「わからない」です。○○君の言葉をかりるけど、文章を読んでもわからない。
例えば、ある子の日記に「僕はバレンタインデーにチョコをもらいました」と書かれていたと

▲子供たちに様々に意見を言わせた後で、教師自身が「わからない」とまとめてしまっている。「推定しろ」→「証拠を出せ」と圧をかけておいて、「(結局)わからないんだよ」というオチである。ならばせめて、最初から選択肢として「ごんのことを考えた」「家のことを考えた」「その他」くらいは提示すべきである。私が記したように「書いてないからわからない」と言う子もいただろう。そういう子供をこそ育てるべきだ。

します。その日記を読み、「もらったときの気持ちを考えなさい」と聞かれてもわからないでしょう。「嬉しい」かもしれないし「恥ずかしい」かもしれないし、「チョコは苦手だから嬉しくなかった」かもしれない。わからない。

でも、推理をすることはできるかもしれない。

でもね、先生の推理の仕方はこれじゃない。

次の問題。これを解き明かしていく。それを考えていく。

T：(ノートの書き方を指導する。)一行あき、写してください。

(「兵十が最初に見たものは何か」と板書する。)

C：書けました。

T：兵十がごんを打ったあと、最初に見たものは何ですか。これは確定できますよ。

もう一回、言うよ。兵十がごんを打ったあと、最初に見たものは何ですか。

書けたら持ってきて。

(子供がノートを持ってくる)

T：(子供のノートを見ながら)残念。残念。残念。おしい。正解者、未だゼロ。

▲バレンタインデーを引き合いに出して、「先生の推理の仕方は」と紹介している。しかしこれは、例示した「僕はバレンタインデーにチョコをもらいました」とは異質の文章(作品)である。例示の文章からは「推理」はできない。不可能である。しかし、「ごんぎつね」は文章が長く、情報量が多いから「推理」できるのである。「先生の推理の仕方」の問題ではない。

教科書をよく見なさい。答えが書いてある。

残念。残念。正解者まだゼロ。降参かな。

正解を発表する。もうやめよう。

（子供たちが「えー！」と言う。）

T：正解。他の人に、絶対見せないで。

（子供のノートを見ていく。）

（その後、正解者が数人出る。）

T：そこまで、今、立っている人まで。

はい、〇〇君、黒板に書いて。

（子供が答えを板書する。）

T：読みます。はい。

C：（一斉に）うちの中。

T：写しなさい。「うちの中」、写しなさい。

T：二四ページ、先生が言うところを見なさい。

二四ページ一〇行目、「兵十はかけよってきました」指で押さえなさい。

隣同士、（隣の人が押さえているか）確認（しなさい）。


大木島氏の授業は、映像を観ても大変明るく、子供たちがのびのびとしていて、楽しいものだ。傑物である。しかしながら、授業の論理構造は、今、述べてきたように綻びだらけである。この授業で大木島氏がやりたかったことは、「兵十の視線の移動」である。「次→次→次」と移動している。最初からそれを問えばよいのだが、事情があってできなかったのだ。まず、「作品構造（主にクライマックス）」の確定を怠った。次に「考え（思い）」を問うてしまった。さらに「視線の移動」を分解してバラバラに扱ってしまった。後半になるほど、大木島氏の発言が増えている。前半と比べると、まるで違う授業者であるかの如くにである。


はい。そのあと、読んでいきますよ。「兵十はかけよってきました。うちの中を見ると……」

（子供が「なるほど」等の反応をする。）

T：でもこれが、本題じゃない。さっきの（問題）に戻る。

最初に「うちの中」を見たということは、何を考えていたのですか。兵十はかけよってきたとき、何を考えていたのですか。

推理する、そのことを次回やります。


なぜか。授業の論理展開における矛盾・無防備・不用意を、教師の即興言で補おうとしたからだ。よくあるパターンであり、これが普通だ。最後にも「兵十はかけよってきたとき、何を考えていたのですか。推理する。そのことを次回やります」と話している。次時がどうなったか。読者にも想定できるはずだ。

伴一孝より　授業全体について

この場面の授業には有名な先行実践がある。向山洋一氏の授業である。コメントで述べたように、兵十の視線の移動を問う授業だ。新潟大学附属小学校で当時の研究部長大森修氏の「ごんぎつね」の研究授業を観た後、飛び込みで行ったものだ。だから、授業全体の記録は残っておらず、発問だけが記されている。向山氏は「考え（気持ち）」を問うことをしない。大森氏もしない。僭越ながら私も同様だ。意味がないからである。時間の無駄。この場面では「視線の移動」を問えば、兵十がどこで「ごんの善行」に気づいたかが見えてくる。無論、特定するのではない。感じ取れる。解釈できる。これが国語の授業（力）なのである。とはいえ、大木島氏は出色の授業者であり、大木島学級は天国の如き自由さだ。羨ましい。

ポイント解説

長谷川博之

1　評価、評定は教師が行う

「ノートを出すのが速い子を褒める」「第一発言者を、とりあえず褒めるべきである」「『よく気がついたね』と笑顔で眼差しを返す」「全員を立たせて、同じ意見が出たら着席させる」

これらが評価である。

「私なら『九五点』と評定する。その上で『一〇〇点は他にある』と促す」「『三一文字』は減点ではなく0点である」「全員分きちんとノート評定して、二回目の要約に進ませる」

これらが評定である。

個別評定は教師が行う。子供に行わせると収拾がつかなくなる。なぜか。基準が不明確だからである。無理にやらせると言いっ放しの空中戦になり、時間とエネルギーを浪費して終わる。

「速い子たちに自分でノートに赤鉛筆で『A』と書かせている」

このような自己評定を織り交ぜながらも、しかし本道は教師が明確に評価、評定を下すのである。

「教師がテキパキと進める。このような『個別評定』は、スピードが命なのである。ゆっくりやるほどに、できた子は優越感を高め、できない子は劣等感に苛まれる」「そもそも『要約』は一人一人違って当然なのだから、全員分を個別に評定できるのは教師だけなのだ。教師の基準で、明確に評定してやらなければ、子供たちは何をやっているのかわからなくなる」という伴氏の指摘は間違いなく、授業をブラッシュアップするための鍵となる。ぜひ参照し、実践していただきたい。

2　形だけの「話形指導」を排除する

「いちばん気になるのがここ（話形指導）である」と伴氏は言う。

結論から先に述べ、「理由は○つあります。一つ目は～」「なぜなら、……だからです」と理由を示すのは、重要な話形指導である。為すべきである。一方、現場には不要な指導も蔓延している。

「発言に対して、他の子から『同じで～す』という反応がある」「発言した子供に『どうですか？』と言わせて、まわりに『いいで～す』と応えさせる」

「『考え中です』と子供に言わせる指導も、半世紀以上昔からやっている無駄な指導だ」

これらは、形だけの、不要な「話形指導」である。にもかかわらず「『学校（学年）でこれを強要する』場合が多い」らしい。

確かに、授業参観先の小学校複数で目にしてきた。愚かな行為だ。「むか～しむかし、あるところに～、おじ～さんと、おば～

さんが、すんでいました」に代表される「教室音読」と同様に恥ずかしい、子供にとって無益かつ迷惑極まりない行為である。

「学校にある一般的な『常識』を疑うのが、優れた教師の必須条件の一つだ」という伴氏の言に、私は全面的に同意する。自分がそう教わってきたから。偉い人にそう指導されたから。それは行為選択の理由にならない。子供にとって価値があるのか。この一点をこそ取捨選択の基準にしたい。

効果のない指導やかえって悪化させる指導が根強く残っている現場にあって、そのような旧弊を、心ある教師と手を取り合って駆逐していきたいものだ。

3　目標を達成するために指導するのが教師の仕事である

「話し合いが延々と続く。結果として要約文は書けるのだろうか？『討論』の形ばかりを重視するあまりに、肝心の学習内容（要約文）が貧弱になってしまう」

その時間の指導目標を達成するために私たちは授業に臨み、指導をする。一人ひとりに目標を達成させるために、私たちは授業行為に軽重をつけ、展開に緩急をつけるわけである。

たとえば、前時の復習を子供に委ねる授業があるが、それは無駄である。なぜなら、本時の目標を全員に達成させるための貴重な時間が奪われるからである。だから伴氏は言う。「既習事項は基本教師提示」である、と。初心者にはこのような明確な指導助言がなにより嬉しい。私など、様々に試行錯誤して、ようやく答えを見つけたものだ。成果を認め、方法論の正しさを確信するに至るまでに、山ほどの反省を重ねたのだ。

4　この発問は禁じ手である

「国語科の解はバラバラでよい。解釈の違いが、人によって厳然とあり、それが認められる学問だからだ」大木島氏の授業への評言である。この一言は国語科授業の肝である。この一言の意味を腹の底から理解できれば、間違いなく授業が変わる。

もちろん学力テストや入試などの問題の解は（ほぼ）ひとつである。ここで伴氏は、討論をとおして集団思考するに値する発問に関して述べているのである。その場合ももちろん「不正解」はある。すべてを良しとしていたら、指導は不要となり、誤りを直されなければ学力は伸びないからである。ただし、正解には範囲がある。「数学の解は点、すなわちひとつである。国語科の解には範囲がある。すなわち面である」と私は語ってきた。

意見が分かれるのが質の高い発問である。複数の立場から様々な意見が出され、質問や反論、再反論を積み重ねつつ、互いの真摯な努力によって共に頂きを目指す。最終場面に至っても「議決」は要らない。考えと根拠、理由とが論理的に結びついていれば、個々の考えが認められ、尊重される。これが指名なし討論の授業の素晴らしさである。そのプロセスで教師は何を為すのか。伴氏は言う。「論点の整理こそが、国語科教師の仕事なのである」と。

第4章

高学年の国語授業

五年「大造じいさんとガン」第二時・第四時
六年「やまなし」第四時・第六時

五年授業テキスト1 「大造じいさんとガン」

第二時

工藤俊輔

授業の流れ

❶ 登場人物と思われるものを発表する。
❷ 登場人物ではないものを考える。
❸「残雪は登場人物か」について、意見と理由をノートに書き、討論する。
❹ 討論を終え、自分の意見をノートにまとめる。

自分の授業のよいところ・わるいところ

一　よいところ

配慮を要する子がつぶやくことが多い。私は、授業に関係ないことに関して反応をしていない。これらは一学期から続けている。ただし、関係する発言を拾っていることに子供自身も満足感を感じている。また、伴一孝氏のセミナーで教わった「発問・答える・黒板に書かせる」という流れを授業で活用することができた。リズムとテンポが生まれた。丁寧すぎかもしれないが、出てきた意見を一つずつ検討してきた。

二　わるいところ

「じゃあ」など、教師の不要な言葉が多い。指名なし討論に、やや介入が多い気がする。子供だけで話す時間を確保していきたい。

また、黒板の前を歩きすぎている。発問をするときは止まって、全体に目線をとばして行えるようにしたい。

発問・指示

（授業開始から七分間は「漢字スキル」、「話す聞くスキル」、辞書引きの指導を行う。）

T：（ノートの）新しいページ（を開いて）。

T：「大造じいさんとガン②」

（板書する。子供もノートに書く。）

C：書けました。

T：はやいね。

C：教科書、開いて書けました。先生よりはやく。

T：登場人物。（板書する。）

C：大じいさん。

C：大造じいさんだよ。

T：三〇秒（でノートに書きなさい）。

（子供がノートに書く。）

T：教科書（を開いて）、登場人物に〇（をつけなさい）。どうぞ。

（教師が黒板に①と書く。）

T：もうつけた人？　〇〇さん。

C：大造じいさん。

伴一孝のコメント

▲国語の授業の中できちんと時間を取って、漢字・音声言語・辞書引きを指導している。これがプロの最低条件である。毎日やるから力がつく。やる学級とやらない学級とで大きな差が出る。

▲工藤氏は板書しながら子供たちに目線を飛ばしている。これはなかなかできない。勉強しているからこそできることだ。黒板ばかり見ている教師の教室では、子供は勝手に手遊びを始める。よくある状況だ。責任は教師にある。教師による板書は極力少なくする。基本中の基本だ。

Ｔ：①の下に書いて。（黒板に書くように子供に指示をする。）
Ｔ：○○さん。
Ｃ：残雪。
Ｔ：（黒板に）書いて。②の下に書いて。
Ｔ：○○さん。
Ｃ：りゅうど…。かりうど（狩人）。
Ｔ：③の下に書いて。他、見つけられた人？
Ｃ：ハヤブサです。
Ｔ：⑤の下。④の下に書いて。まだある？
Ｃ：イノシシです。
Ｔ：はい。⑤の下に書いて。
（指名された子が板書する。）
Ｔ：まだ（登場人物は）いる？　いない？
Ｔ：一分あげるから探して。
（子供たちが教科書から探す。）
Ｔ：（教科書に）丸、つけている？　先生と目があっている人、怪しいぞ。
Ｔ：○○さん。
Ｃ：ガン。
Ｔ：（黒板に）書いて。⑥の下。他に。○○さん、二回目。

▲速い子に指名して発表させ、その子に板書させる。この方法がいちばん速い。見事な「モデリング」である。この技術によって、できない子・わからない子も一緒に学習できる。板書は子供がするのである。

▲この段階では「登場人物」の定義がなされていないので、子供たちは物語に出てきた生き物を次々と挙げている。自然な流れだ。

Ｃ：かも。
Ｔ：⑦の下。
Ｔ：まだ、ある。おー。
Ｃ：タニシ。
Ｔ：○○さん。
Ｃ：ドジョウ。ドジョウです。
Ｔ：○○さん。
Ｃ：はい。野鳥。
Ｔ：言うことに意味がある。言っている時点で百点です。
Ｔ：○○君、待ってて。ステイしてて。
Ｔ：では、○○君。
Ｃ：大造じいさんがつりばりで生けどりしたガン。
Ｔ：よし。生けどったガンと書いて。
Ｃ：（質問する子が）（黒板は）写すんですよね？全部。
Ｔ：これ以上、ないですか？　○○さん。
Ｃ：残雪。
Ｔ：残雪、ありましたね。（黒板に書いてあると答える。）
Ｃ：先生、（黒板は）全部書くんですよね？　（再び質問する。）

時間的にはもっと速く進めた方がよい。映像の二倍速は可能だ。ここは確認をするだけなので、時間を取る必要はない。「被せ」と言って、一人の子がやっている間に次の子・次の子にやらせていく。速いほど、授業技量が高い。

T：写します。君たちなら三〇秒で写せます。
T：終わったら手を挙げて。
（子供たちが黒板の意見をノートに写す。）
T：（ある子との会話で）「大造じいさんとガン」の授業が終わって、（ノートが）一冊終わったらかなりいい。
T：終わった人？　教科書、何度も音読してください。
丸が二個ついている人は、家でやっていたんですね。
C：音読ですか。
T：〇〇さん、はやかったね。速読してて。
（あと）一〇秒。
T：教科書、置いて。
T：先生、番号。みんなは登場人物を言っていって。
（教師と一緒に黒板を読んでいく。「一　大造じいさん、二残雪、…。」全部で一一の意見が出た。）

▲写させない。無駄である。どうせ消去するのであるから、形式的な「板書→視写」は不要である。どうやって短時間で本題に入るかが勝負である。

▲ノートは大量消費した方がよい。書けば書くほど、頭が良くなる。これは脳科学的に言っても正しい。指先は、第二の脳である。

▲教科書の題名「大造じいさんとガン」の横に、黒鉛筆で小さい丸を一〇個書かせる。物語を一度通読するたびに、丸を赤鉛筆で一つ塗りつぶしていく。こうすれば家庭迷惑な「音読カード」は不要である。用紙代の節約、保護者の負担軽減に資する。

▲板書の一斉読み等しなくてよい。意味がない。

T：この中で登場人物じゃないなと思うもの。一つ選んでごらん。
C：一つだけ？
T：まず一つ。じゃあ、（登場人物）じゃないなと思うものに、黒で丸をしてごらん。
一一の中で登場人物でないもの。
一、二、…一一。（順番に読み上げて、登場人物ではないものを挙手させ、黒板に丸をつけていく。一人でも「違う」と思った子がいたら、丸をつける。）
T：手を挙げたところ、全部に丸をしました。
T：いちばん多かったイノシシね。
理由をお隣に言ってごらん。なんで違うの？
（子供たちが近くで話し合う。）
T：ストップ。言えそうな人。（挙手させる。）
〇〇さん。
C：イノシシは、動きとか言葉が書いていないから。
T：動きと言葉がない。他に。〇〇さん。
C：六四ページの一行目を見てください。イノシシ狩りにいくとあります。だから、まだ登場し

▲ノートに黒で丸も、しなくてよい。時間と労力の無駄である。

▲イノシシが登場人物でない理由を友達に言っても意味がない。定義がないのだから思いつきで喋るしかない。発表させるのも同様だ。「話す（発表する）」こと自体が目的ならば、他のもっと魅力的な内容で扱うべきだ。

ていないから、登場人物ではないです。

T：二人が意見を言いました。

（これを書いたのは）誰？　納得した？

C：はい。

T：素直ですね。ここは「ありがとう」にしましょう。出してくれてありがとう。（にこにこした顔の「ありがとうマーク」を黒板に書く。）

イノシシは違うんだよね。

T：かりうどは、違うんだよね。

かりうどは、道場人物だと思う人？

○○さん。理由は？

C：えーと、六四ページを見てください。「知り合いのかりうどに誘われて、イノシシ狩りに出かけました」ということは、かりうどはしっかりと言葉で誘って、いのしし狩りに出かけたということで、かりうどは登場人物だと思いました。

T：違うと思う人？　○○さん。

C：かりうどは書いてあるけれども、文では、かりうどはしゃべっていないから、登場人物ではない。

T：○○さん。話をしていないって。

納得したの？　（子供に確認する。）

これも「にこちゃんマーク」です。（黒板に書く。）

▲「話していないから登場人物ではない」と言っている。では、ヘレンケラーの子供時代を物語にしたら、ヘレンケラーは登場人物ではないことになってしまう。このようなこと（定義）を話し合わせること自体が、無駄なのである。情報量（例示）の少ない子供に、「定義」の検討等は無理である。

T：（他に）「これは違うかな」と思うもの（はどれか）。

班で相談して。

（黒板に）丸がついているものだけですよ。

（子供たちが班で相談する。）

T：はい。そこまで。

（子供の姿勢を褒める。）全員、おへそを中心に向けてますね。題名の下にAと書きます。聞き方、話し方が上手です。

T：じゃあ、いろいろ出てきた（中の）かもは？　かも？　これ、登場人物だと思う人？

（手を挙げる子がいない。）

これはカットです。

T：タニシ？　登場人物だ（と思う人）。（手を挙げる子は）いない。

T：どじょう？　シーン。

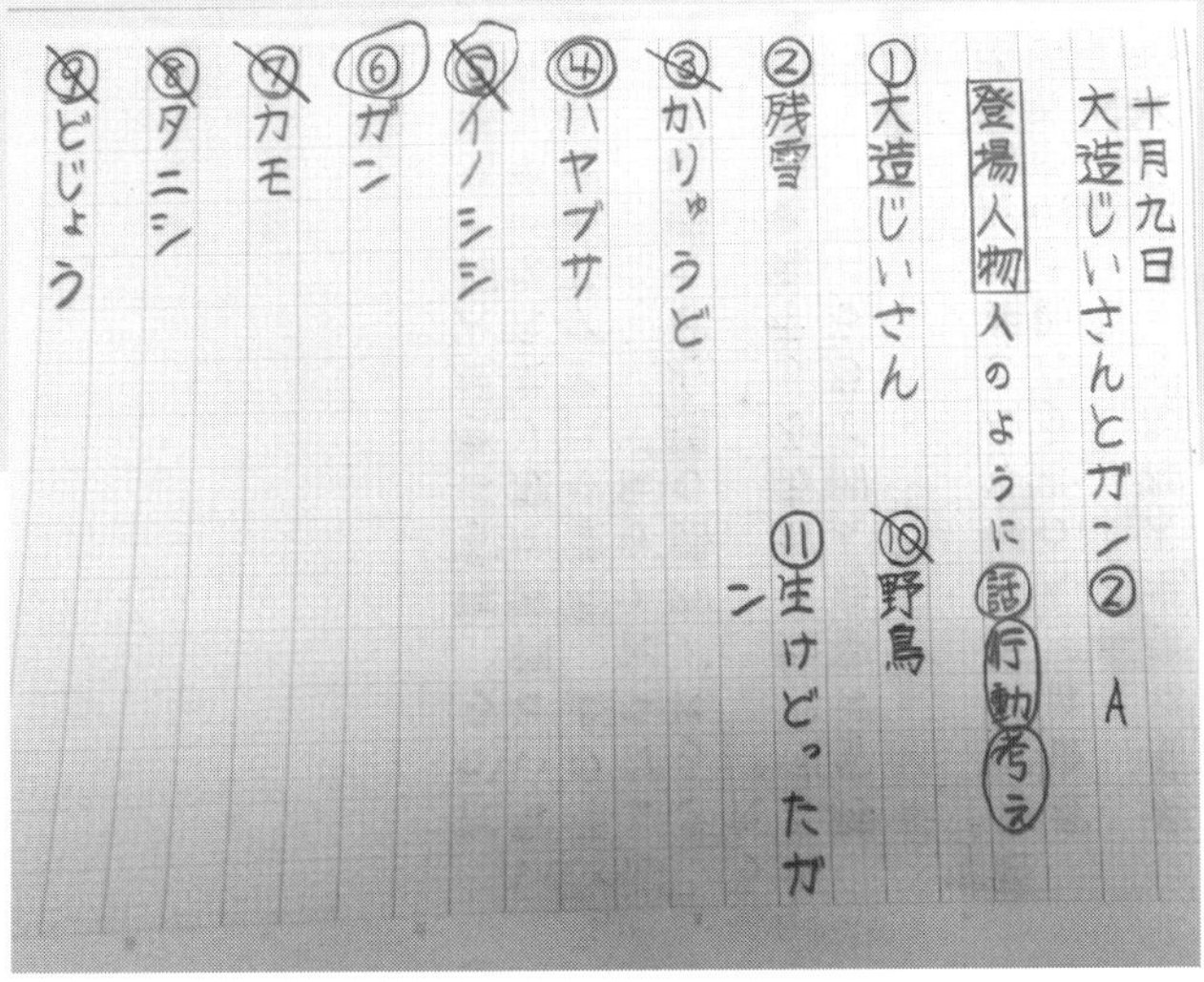

▲班で相談させるのも同様である。意味がない。

▲「おへそを中心に向ける」指導は良い。「題名の下にAと書く」のも良い。子供たちに自己評定をさせて、きちんとそれを記させていく。大切な教育技術である。

（ADHDの子供も「シーン」と言う。）
T：えっ？　かぶった。（その子に）Aと書きます。
（子供が「えー」と言う。）
T：野鳥。
（子供が、みんなで「シーン」と言う。）
T：言ってません。
T：生けどったがん？
（手を挙げる子がいる。）
いるよね。○○さん。なんでなの？
C：生けどったがんは、えーと、…（教科書を探す）…動きとかがあるからです。
T：どんな動き？　例えば？
（意見を言った子が教科書から探す。）
他の子も探してね。○○さん。
C1：一一七ページの一行目。「…（省略）…」と書いてあります。ばたばたしているから、動いていると考えたからです。
T：ばたばたしているから、動いているということね。
「違うな」という人。○○さん。
C2：生けどったガンというのは書いていないし、それは生けどったガンは、その二年後の話だし。

このように定義もなしに、当て勘で正誤を言わせても意味がない。「定義」があって、「判別」がある。逆はない。

この一一八ページの一行目を見てください。「見ているガンが手に入ったのでうれしくなりました。」と書いてあるので、生けどったと書いていない。生きていると書いてあるからです。
T：ということです。
C1：でも、そのあとに、「ハヤブサが来たときに大造じいさん……」。一二六ページの一行目を見てください。「じいさんは……」と、ここで動いていることがわかるし、その前に一二三ページの一行目を見てください。五行目を見てください。「このガンは…（省略）…生けどったものです」と書いてあるからです。
T：そういうことですね。
もう一度、聞くよ。登場人物だと思う人？　違うなという人？　（どちらも手が挙がる。）じゃあ、これ、保留にしましょう。
T：じゃあ、このガンはどう？　登場人物だ？　違うな？　（半分ずつ手が挙がる。）
これも半々。保留ね。
T：ハヤブサは？　登場人物だ？
いや、違うな？（どちらも手が挙がる。）
保留ね。

▲「残雪」はともかく、「ハヤブサ」が登場人物であるわけがない。「ハヤブサ」がそうならば「タニシ」も登場人物となる。

T：さっき、この条件を聞きました。「話をしていないから。」
じゃあ、登場人物は、話をしていれば登場人物ね。他にどんな条件があったっけ？
C：動き。声。
T：動き、探して。一学期にやっているよ。
（教科書やノートから探す。）
○○さん。はやい。
C：人のように話をしたり、行動したり、考えたりしている人やものや動物です。
T：人のように行動したり、考えたりしている人やものや動物ですね。これが条件です。
T：大造じいさんは登場人物ですか。
C：はい。
T：満場一致ね。じゃあ、残雪は？
C：違うかもしれない。
T：聞くよ。登場人物だ？　いや、違うよ？
（子供が挙手をする。）
いるよね。理由をノートに書きます。
（子供が意見をノートに書く。）
C：先生、変えていいですか。
T：どうぞ。「違う」という人は、三人ですね。

▲「一学期にやっているよ」と言っている。学習はしているのに、子供たちは忘れているということだろうか？　ならばなおさら、この授業の開始部分（大造じいさんとガン）は不要である。発言させる、書かせる時間すら無駄だ。さっさと定義を確認して、「残雪は登場人物か？」と問えばよい。つまりこの授業は、ここから始めればよかったのである。しばしば見られる時間の浪費だ。

▲時間を取って、ノートに理由を書かせているのはとても良い。このようなことにこそ、時間を使うべきなのだ。無駄なことをやっているから、大事なことに時間を割けなくなる。よって子供たちに力がつかないわけである。簡単なことだ。

T：（ノートに書くのは）あと一分程度。
C：書けました。
C：書けました。
T：はい。中心、向きます。机ごと、中心向いて。
（子供が机の向きを変え、討論をする形になる。）
すぐに、一〇、九、八、…二、一、〇。
T：違う人から、（意見を）どうぞ。
C_3：そもそも動いたりしていないからだ。
C：登場人物でないと考えます。なぜなら、動いたりはしているけど、話をしたり、考えたりはしていないからだ。
T：それに対して反論（してください）。指名なしで。*
C：残雪は登場人物だ。人のように話さないけれど、人のように考えているからです。
C：登場人物です。急に空を飛びまわっているからです。
C：残雪は登場人物です。なぜなら、空を飛ぶなど、行動しているからです。
T：ストップ。三人言ったから、三人、反論していいよ。

＊指名なし
教師が指名することなく、子供が次々に発表していく方法。

▲討論における発言は、「○派三名連続」→「×派三名連続」→「○派三名連続」→……くらいがちょうどよい。工藤氏の示唆通りである。

T：なければ、登場人物とします。

C_3：今、「飛んでいる」と言っていました。飛んでる、話している、動物の動きなので、話をしていないので、登場人物ではないと思います。

T：それに対して。

C_2：登場人物は考えたり、動いていたり、話していたりなどの全部の条件を満たしていなくても、一つでもあれば登場人物です。

C：そもそも動物は話さないし、一二〇（ページ）の最後の行を見てください。「はやぶさが攻撃をしたときに」と書いてあるので、動いてはいるので、登場人物ではないですか。

T：それに対して反論。三人。「動いているんじゃないですか」について。

C_1：動いたりはしているけど、話したり考えたりしていないので。大造じいさんは話したり考えたりしているから、登場人物だということがわかるけど、残雪は考えたりはしているけれども、話はしていないので、全部の条件を満たしていないから、登場人物でないと考えます。

C_2：でも、人のように仲間を考えて助けています。どうですか？

▲発言に子供たちが絡んで来ている。つまりちゃんと人の意見を聞いている。感知した部分に反応している。この「指名なし討論」の形式に慣れている証拠である。映像でも、次々と子供の発言が出て、空白の時間がない。良い学級だ。

T：考えているという意見です。

C_3：考えて助けているのではない。そもそも、えーと。一二六ページを見てください。

T：まわり、確認して。開いているかな？　先生から見たら、三人開いていないぞ。

C_3：「ただ救わなければならない。仲間の姿がある……」

C：何行目ですか？

C_3：七行目です。一二七ページの七行目です。「ただ救わなければならない仲間の姿、…（省略）…いきなり敵にぶつかりました」とあるってことは、考えないで、そのまま仲間がいるから、それを救わなければならないと考えていたので、敵にぶつかって助けただけだと思います。

C：それは考えているのではないですか。

T：まだ言っていない人、どうぞ。〇〇さん。

C：でも、頭の中がそれだけということは、それを、それだけを考えているのではないですか。

C_3：えーと、考えていると言ったんですが、それを頭の中ではなくて、そもそも、さっき自分が言ったことは、考えないで、そのまま行動していると言いました。

子供たちの意見が長いのは、ちゃんとノートに意見を書かせているからだ。

▲「指名なし討論」でありながら、工藤氏はしばしば子供に発言の促しをやっている。形式に囚われることなく、目の前の子供たちに合わせて、しっかりと手を入れていく。良い教師である。

C_1：C_3さんは、考えないで行動したということ（ですが）、考えなかったら、飛べたりできません。

C_3：鳥っていうのは、自分は鳥に詳しいのでわかるんですけど、自分がおじいちゃんちに行ったときに、鳥はそもそも考えないで飛ぶことがいちばん多いんですよ。考えたりしないで、…（省略）…。

C：少しくらい、考えて飛ぶんじゃないですか。

T：○○さん、どうぞ。

C：でも、「大造じいさんとガン」という物語なので、実際とは違います。どうですか。

C：その意見に付け足しで、二番目に考えているから、たまには考えているのではないですか。

C_1：ちょっと、話題が「考えている・考えていない」にずれちゃっているので、話を変えます。
えーと。残雪は確かに考えているので、登場人物ではないかという意見があるんですけど、話したりしないと、登場人物の条件にならないと思います。

T：C_1さん、いいこと言っていますよ。とても話し方が上手。今の話し方で、C_1さんの上手なところ、三つ探して。どうぞ。

▲C_1さんの意見は間違っているが、討論の論点整理を行っているところが優れている。そこを工藤氏は取り上げて褒めているのだ。

（子供たちで話し合う。）

T：三、二、一。（終了時間をはかる。）

C：相手の意見を受け止めている。

C：えーと、最初の意見に戻している。

C：話題を変えている。

C_3：大きな声でやっているから、まわりに聞こえる。

T：C_1さんのいいところは、「確かに～だけど」と認めているんだよね。考えていますけど、何が納得いかないんだっけ？

C：動いたり考えたりしているけれども、話したりするところが足りないので、登場人物ではない。

T：話したりしていないんだって。近く（の人たち）で相談して。

（子供が話し合う。）
T：ストップ。納得させて。
C：教科書一二一ページの後ろから三行目、一二一ページ三行目です。「様子が変わったことは近づかない」と書いてあるので、しゃべっている。
C：登場人物は、全ては満たさなくても、登場人物といえます。
T：身近にあるかな？ 心当たりあるものある？ アニメなどで。事例。
C：告白している場面とか、会話がある。
T：そういう場面。
C：しんのすけのシロ。しんちゃんのシロも登場人物だと思います。
T：納得した？ 見たことある？
（シロは）登場人物？ 違う？
C：登場人物。
T：登場人物だという人？
いや、違う（という人）？（挙手させる。）
T：今、出てきたサザエさんのタマは（登場人物だと思う）？

▲ここで工藤氏がやっているように、定義には「例示」が不可欠なのである。定義に「正解」はない。その場、その集団、その枠内での「定義」でよいのである。だから子供たちが考えるべきは、工藤氏が（一学期に）示した「定義」によれば、「残雪」は「登場人物」なのか否かだけである。そこでしか、子供たちの頭は働かない。鍛えられない。

「ワンピース」のチョッパーは？ あれは、しゃべっているね。
いろいろあるけれども。○○さん、さっき言っていたこと、言って。
C：残雪と、はやぶさがいないと、物語が成立しなくなります。
T：これがいなくなったら、物語は成立する？ しない？
C：しない。
T：しなくなるよね。もしかしたら、この二人が大切なことになってくるかもしれない。
でも、三人は納得しないかもしれない。
T：机、戻して。
ノートで熱く語ってください。
（子供が机の位置をもとに戻す。）
（「残雪は登場人物である」「残雪は登場人物ではない」と板書して、ノートの書き方を示す。）
T：自分の意見を書いてね。「どっちかっていうとこっちかな」と意見を決めるのが大切。いちばんいけないのは、何も書かないことです。

▲「物語が成立するか」というわけのわからない論点を認めてしまっている。ならば「銃」も「おとりの雁」も、何でもかんでも「登場人物」になるではないか。だから「定義」はブレてはいけないのである。子供の頭が混乱する。良い混乱は○だが、これは悪い混乱。「定義は変えてもよい」という誤学習を子供に促している。駄目である。ここは聞きっぱなしでスルーすべきだ。

T：ノートを見たら、すぐにわかります。この子は考えたなって。

（子供がノートに書く。）

T：「教科書何ページ」と書いた人は、説得力があります。これは引用ですね。

C：書けました。

（書いた子から言わせていく。）

C：残雪は「様子が変わったところには、近づかぬがよいぞ」と書いてある。カギはついているが「そう感じたらしい」と書いてある。鳴き方で「方向を変える」と言っているわけではないので、残雪は話しているわけではないので、登場人物ではないと思います。

C：（残雪は）仲間を助けたからです。…（省略）…。

（以下略）

▲ノートに考えを書かせたのはよい。これがなければ、討論の授業は単なる「言い合い」になってしまう。必ず最後に考えをまとめる時間を取る。それを子供たちが自覚しているからこそ、本番の討論にも熱が入り、頭が働くのである。

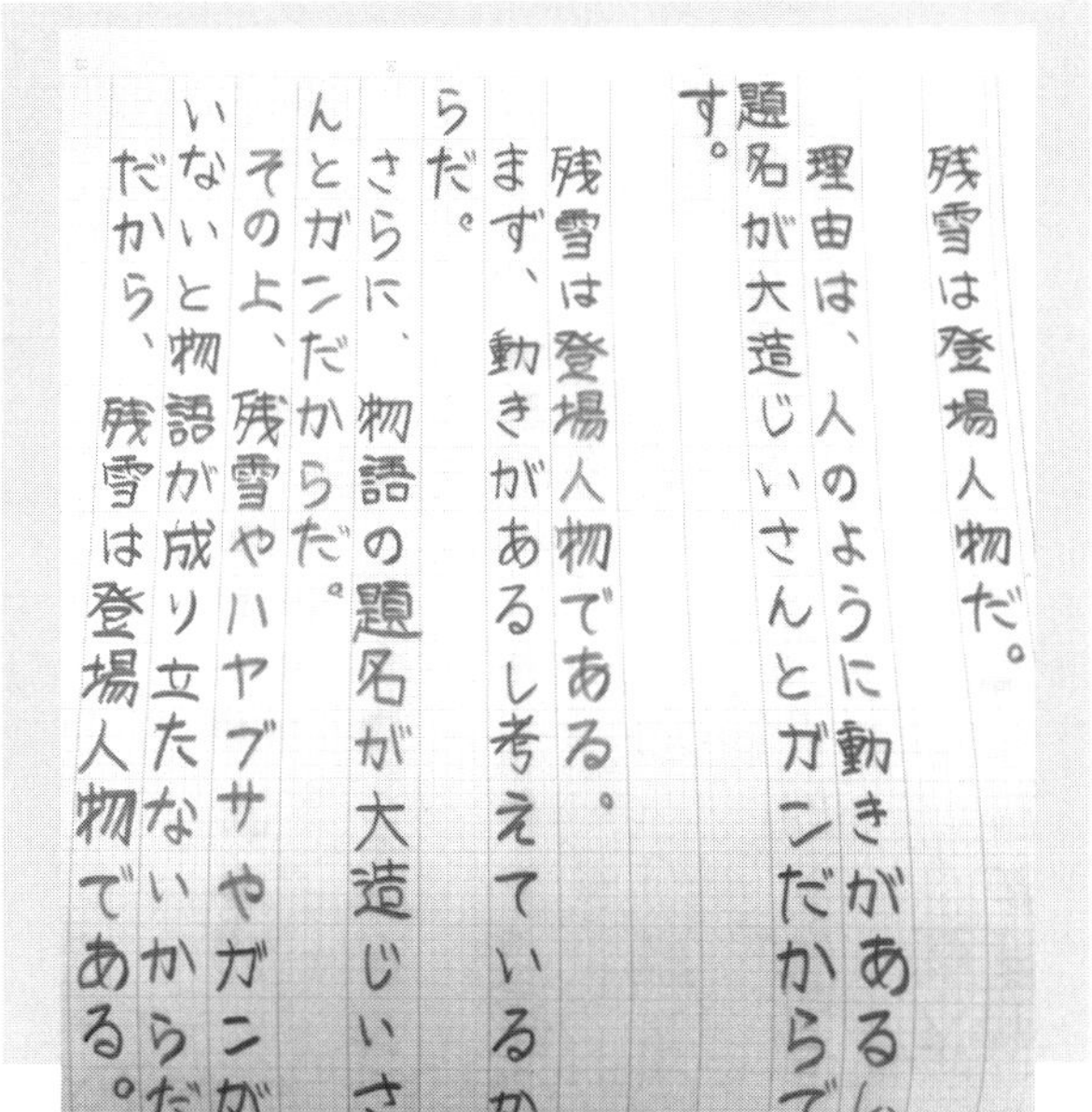
残雪は登場人物だ。
理由は、人のように動きがあるし
題名が大造じいさんとガンだからで
す。
残雪は登場人物である。
まず、動きがあるし考えているか
らだ。
さらに、物語の題名が大造じいさ
んとガンだからだ。
その上、残雪やハヤブサやガンが
いないと物語が成り立たないからだ。
だから、残雪は登場人物である。

伴一孝より　授業全体について

工藤俊輔氏の授業映像を初めて観た。若々しく、清々しい。よく勉強をしており、子供たちと明るく授業をやっている。これからも上質の実践を量産していくはずだ。もし工藤氏に壁があるとすれば、それは一般的な「形式」に埋もれたときだろう。この授業の中でもいくつか見られるが、「当たり前」と思って教師がやっていることに、実は落とし穴がある。本質を、原点を疑うことなしに、一流の仕事は創れない。一番を獲る人間は、常に前例の「破壊者」である。先人が積み上げてきた功績は、必ず時間と共に形骸化し、害悪を産み出す。誰もこの法則から逃れることはできない。だから「疑う」のである。日本には一〇〇万の教師がいる。工藤氏が九九・九％の形式主義者との決別を選ぶことができたならば、その先に視る地平は素晴らしいものだろう。

五年授業テキスト2「大造じいさんとガン」

第四時

工藤俊輔

授業の流れ

❶「情景描写」の意味を確認する。
❷例文を二種類考え、発表する。
「難しいテストで百点を取った。窓の外を見ると…。」
「練習したが五十点だった。窓の外を見ると…。」
❸教科書の「あかつきの光が……。」の一文は、何を表しているか、大造じいさんの気持ちを漢字二文字でまとめ、理由をノートに書く。
❹他の「情景描写」の文を探す。

自分の授業のよいところ・わるいところ

一　よいところ
　授業の原実践は、石川県の石坂陽氏である。情景描写の言葉を教え、例文で練習をすることで、「なんとなく」理解をさせることができた。わからない子は、黒板に書いてある言葉を参考にすればよい。全員がノートに意見を書くことができていたので、「なんとなく」が「理解できた」になったと考えている。
二　わるいところ
　子供の意見に対して、「それ以外」と言うことがある。「そうだよね。」「いいね。」などの褒め言葉で受け止めてから「他にありますか。」と対応できるようにしたい。
　情景描写ではない箇所も扱っていたので、教材をもう少し読み込みたい。

伴一孝のコメント

発問・指示

（授業開始から七分間は「漢字スキル」、辞書引きの指導を行う。）

（黒板に、日付、題名、課題「情景描写」と書く。）

C：何ですか。「情景描写」って。

▲板書はいらない。日付だけでよい。どうしても書きたかったら、テーマワード（文だと長い）だけにする。

▲授業開始時に定形で「漢字・辞書引き」等を指導しているところがとても良い。これを全国の学校でやるだけで、日本人の学力は相当高くなる。やろうと思ってできるのは、おそらくこの国だけだ。単一民族・単一言語の強みを生かすべきなのだ。くだらない「めあて」作り等の形式主義を排して、子供たちに言語能力をつける授業をする。それが教師の仕事だ。この時間は省略してあるが、工藤氏の学級では「話す聞くスキル（音声言語教材）」も扱っている。私は視写や百人一首もやっていた。工藤学級は七分間程度であるが、私は一五分間（小学校授業の三分の一）以上使う。余った時間で教科書の内容を短く、ピンポイントで「本質」だけ教える。だから子供たちは国語が大好きになった。

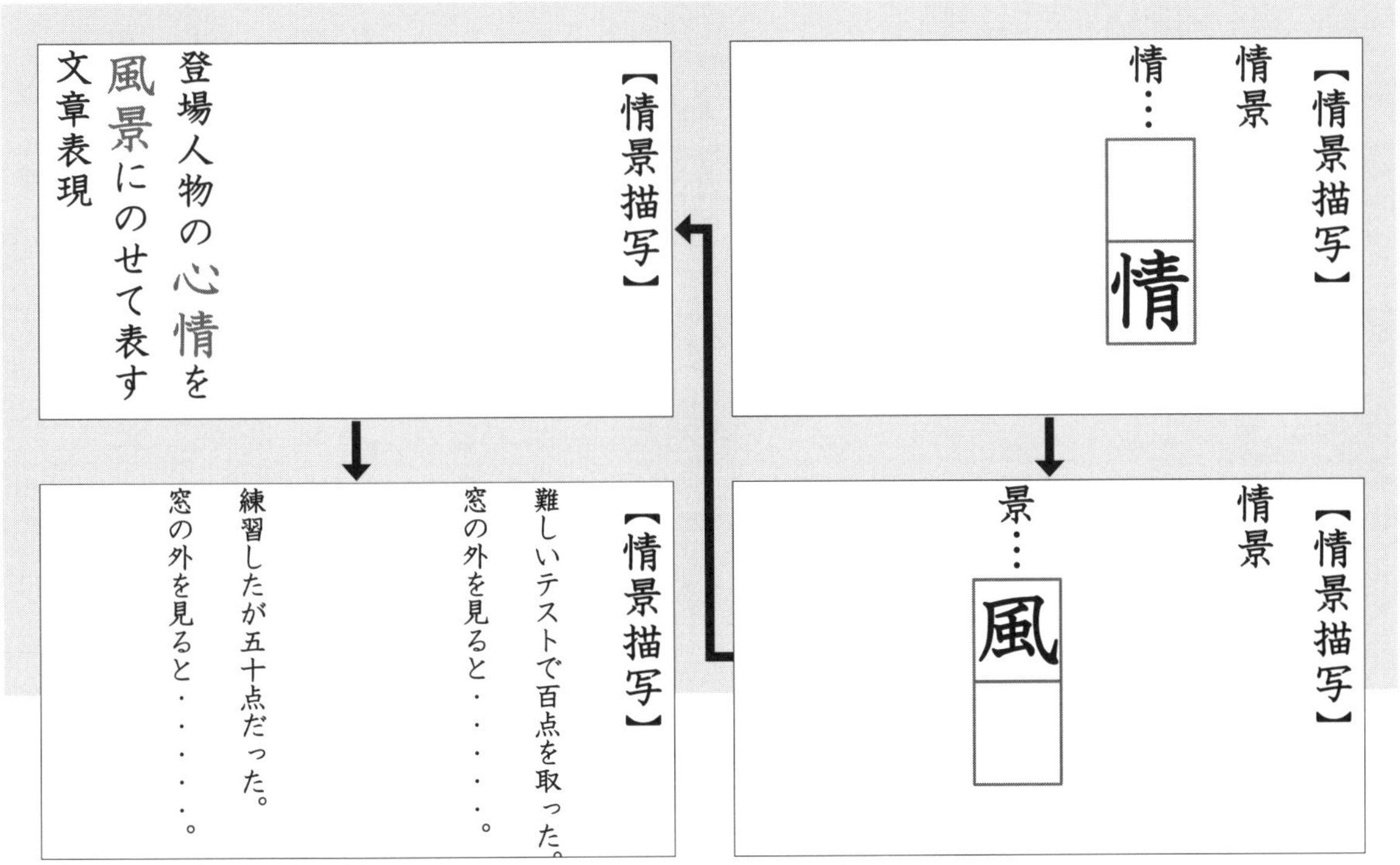

テレビのディスプレイで表示したもの

T：写します。
C：④です。（板書の間違いを指摘する。）
T：④だった？　ありがとう。
T：「情景描写」
T：下敷き。
C：書けました。
T：はい。（終わった人は）速読。
C：書けました。
C：書けました。
T：速読して。
C：「話す聞くスキル」やらないですか。
T：（うなずく）お休みです。
T：読んで。はい。
C：（一斉に）情景描写。
T：テレビ（を見て）。
（テレビ画面に情景描写と写す。）
T：何て読むの？
C：情景描写。
T：そう。情景描写の「情」。これは何かを表しています。漢字一文字。
C：「感情」。
T：「感情」。違う。

▲このやり取りも不要である。よほど時間に余裕があるならばよいが、それならば他の活動にまわせばよい。「情景描写」の意味だけ言えばよい。考えさせることではない。

T：ここらへん（の人から）、聞こえた。はい。言って。

C：正解。「心情」。言って。

（子供たちが「心情」と言う。）

T：「景」は何だと思う？

C：「風景」。

T：よし。「風景」ね。

T：「登場人物の心情を風景にのせてあらわす文章表現。」（画面に表示される。）かまずに（言って）、はい。

（子供たちが「登場人物の心情を風景にのせてあらわす文章表現」と読む。）

T：写します。

（子供がノートに写す。）

T：三〇秒前。写した子は覚えて。

（写した子が読んでいる。）

T：情景描写って、何？

C：「登場人物の心情を風景にのせてあらわす文章表現」（写した内容を読む。）

（画面に文が表示される。）

▲プラズマディスプレイで「情景描写」の定義を見せて、子供たちに視写させている。時間が勿体ない。子供たちはノートを見直して「定義」を確認等しない。事実「登場人物」の定義すらそうだったではないか。ノートに書かせても、新しいノートになったら、それはないのと同じである。ノートに書かせるべきは、「子供自身の考え（意見）」である。記録の意味は、ほとんどない。もしそれが必要であるならば、教科書に記されておくべきだ。ノートは子供の「思考」を深め、拡散させるためのツールである。「受験勉強」の害毒から、早く目覚めるべきだ。

T：（文を）読んで。「難しい」

C：「難しいテストで百点をとった。窓の外を見ると…。」（「…」は「てんてんてん」と読む。）

T：写します。先生よりはやく。

（先の文を板書する。）

C：見えません。先生、見えません。

T：自分で…（聞き取れない）…見て。

（書けた子に読ませる。）

T：〇〇君、読んで。

C：「難しいテストで百点をとった。窓の外を見ると…。」

T：こういう経験ありますか。

C：はい。

T：書けた人で（読みます）。はい。

C：「難しいテストで百点をとった。窓の外を見ると…。」

T：本当にみんなが百点をとれないようなテストがあります。それで、自分がね、難しいテストで百点をとりました。

そのときに外を見ると、自分の心情が書かれ

▲板書→視写、長い。子供たちは板書が「見えない」と言っている。視写を要求するからだ。当然の抗議である。自席の位置によって教師の身体が邪魔になり、視写スピードが落ちる。それにもかかわらず、視写が速い子が褒められ、遅い子が急かされる。不公平である。「当たり前」を疑うことだ。この場合、第二文を書かせればよいのであって、第一文の視写には意味がない。第二文が速く終わった子から、第一文を視写させて、空白の時間を埋めるのに使えばよい。この組み立てが、プロである。

ています。

T：二文目、書いてごらん。続きを書いてごらん。

（子供がノートに書く。）

T：言っただけで百点です。（発表させる。）

C：難しいテストで百点をとった。窓の外を見ると、晴れた天気だった。

C：（黒板に）書いて。はい。

C：（難しいテスト～）雲一つない晴れだった。

T：二文目だけ書いて。

C：（難しいテスト～）快晴であった。

T：書いて。

C：（難しいテスト～）いい天気だ。

T：はい。続きだけ書いて。

C：（難しいテスト～）空は青かった。

T：いいですね。

C：（難しいテスト～）天気がよかった。

T：○○さん、書いて。

C：（難しいテスト～）晴れて、心が晴れた。

T：あ～、書いてもらおうかな。

T：まだいるかな。チャレンジャー。言っただけで百点だよ。

▲いきなり第二文を書かせては駄目だ。ハードルが高過ぎる。だから空気が重くなる。ならばどうするか。口頭で発表させるのである。これを「モデリング」と言う。子供が戸惑うならば、教師がいくつか口頭で例示（モデリング）をする。すると速い子が手を挙げて発言する。発言した子に、そのまま板書させる。これを三名ほどやってしまえば「モデリング」の完成である。他の子はこれをまねすればよい。最も苦手な子は、黒板に書かれた友達の文を、好きなもの一つ選んで視写すればよい。こうすれば、全員が一緒に授業に入っていける。これもまた、プロの組み立てである。

C：（難しいテスト～）鳥が飛んでいる。

C：（難しいテスト～）自分を祝うようにパレードをしていた。

T：はい。

C：（難しいテスト～）空は快晴だった。

T：はい。座っていいよ。

C：（難しいテスト～）見たことのない美しい景色だった。

T：はい。

C：（難しいテスト～）晴れ晴れしていた。

T：黒板、見てごらん。代表の子に書いてもらいました。

T：それぞれ共通することは何？

C：晴れ。

（板書の「晴れ」という言葉に丸をする。）

T：青は別かもしれない。どういう意味？　○○さん。

C：雲がなくて、空が青全体。

T：簡単にいうと、全員の気持ちはどんな気持ち？

C：うれしい。

T：うれしいね。他にある？　なんでうれしいの？

C：百点とった。

工藤氏はノートに書かせてから先の組み立てを使っている。私との違いは、「口頭」と「筆記」である。前者の方が、一〇倍速い。これを重ねると、次々と時間差が生じていく。

T：百点とったんだよね。なんで晴れ？
C：晴れている方が明るい。
T：明るいからね。
T：じゃあ、この気持ちを漢字二文字で表すと何？
C：心情。感情。
T：心情とは言わないよね。うれしい気持ちを漢字二文字。
C：感情。
T：感情とは言わないぞ。
C：憂い。
T：（笑い）難しいけどな。漢字二文字だぞ。言っただけで偉いぞ。
C：風景。
T：漢字二文字。ナイスチャレンジ。
C：えーと……。忘れちゃった。
C：情景。
T：情景はこれだよね。これを情景描写という。例えば、自信。自信とかね。
C：愉快。
T：よく言った。
C：気候。

▲「漢字二文字で表すと？」と尋ねているのは良い。「文字数指定」には二つの意味がある。一つは「ヒント作用」。もう一つは「バグ防止作用」である。どちらも授業の時間短縮には欠かせない。なおかつテスト対策・受験対策にもなる。極めて有効な教育技術である。
漢字二文字で良い答えを言った子供には板書させる。それだけで「モデリング」になる。

T：〇〇さん、もう一回。
C：愉快。
T：こういう言葉が合うよね。ぴったりだよね。
（先ほどと違う文が画面に表示される。）
T：次ね。読みます。はい。
C：「練習したが五十点だった。窓の外を見ると…。」
T：（ノートに）写します。
T：今度、逆だな。一生懸命練習したんだけど、毎日六時間勉強したけど。五十点でした。
C：（一斉に）「難しいテストで百点をとった…。」
T：左。（前回の文の方を読んでいたので、左の文を読むことを教える。）
T：二文目、書けたら教えて。
（子供がノートに書く。）
C：（練習したが～）暗かった。
（書いたことを発表していく。）
T：（黒板に）書いて。
C：…。
T：全然、聞こえない。

▲ここも同様である。三分の一以下に時間短縮できる。手順は前と同じである。

▲工藤学級は優秀なので、簡単なモデリングで次々と意見が出てくるはずだ。普段の授業が良いからこそ可能なことである。工藤氏の技術のままでもよいのだが、「口頭」を入れて、「一文目視写」を後ろにまわせば、すごい授業が展開できるだろう。

C：（練習したが～）晴れであった。自分が頑張っているから。
T：逆にね。それもあるよね。
C：（練習したが～）心が落ち着いた。
T：落ち着いたのね。はい。
C：（練習したが～）曇りであった。
T：書いて。
C：（練習したが～）雨だった。
T：書いて。
C：（練習したが～）雨が降っていた。
T：雨ね。
C：（練習したが～）空から雨が降りそうだった。
T：降りそうだったね。はい。
C：（練習したが～）雨が降りはじめた。
T：雨が降り始めたんだね。いいね。
T：今、立っている子まで（が発表します）。
C：（練習したが～）鳥が飛んでいた。
C：（練習したが～）悲しい雨だった。
C：（練習したが～）雷が落ちていた。
T：いいね。書いて。
C：（練習したが～）雨だった。
C：（練習したが～）大雨が降っていた。

T：○○さん。
C：（練習したが～）どんよりした天気だった。
T：どんよりしたと書いて。
C：（練習したが～）雨だった。
T：さっきと比べて、こっちは何が多かった？
C：暗い。
C：雨。
T：暗いとか、雨ね。この理由をお隣に言って。
（子供が話し合う。）
T：（ある子に向かって、）言って。
C：気持ちが表れている。
T：○○さん。
C：えーと、いっぱい練習したのに五十点だった。
T：はい。○○さん。
C：いいときとわるいときが天気によって違う。
T：気持ちとしては、どういう気持ち？
（子供が口々に言う。うれしくない、暗い、どんより、悲しい、つらいなど。）
T：普通だったらだよ、みんなの日記を読むと、うれしかった、うれしいと直接書くでしょ。今回、うれしいって書いた？　書いていない

▲ここはもっと格調高くやった方がよい。「情景描写」と反対概念を提示するのである。「情景描写（間接表現）」対「心情描写（直接表現）」。これを「大人」対「子供」のように、前者が高等技術であることを強調する。車寅次郎の「それを言っちゃあ、おしめえよ」の世界である。

けど、なんとなくわかるよね。

これを情景描写といいます。

直接書かなくても、景色などで表すこと。さっきの心情を、風景にのせて表す文章表現のことです。

T：「大造じいさんとガン」にも、たくさんあります。昨日○○さんが言ってくれたんだけどね。

T：一二〇ページ。一一行目。

C：はい。

T：返事した人、立派です。

この文章が、あります。（テレビに写す。）

見つけたら立って。

教えてあげて。まわり（の人に）。

T：「あかつきの光がすがすがしく流れ込んできました。」

三回読んだら座ります。

（子供たちが読む。）

T：はい。（ノートに）写します。

（子供が「あかつきの光がすがすがしく流れ込んできました」と写す。）

▲写さない。教科書にラインを引かせるだけでよい。

C：書けました。

（教師が板書する。）

T：書いていない人、立ちますよ。

覚えるまで読んで。

（書けた子が読む。）

T：いいね。座っていいんだよ。

T：そこまで。

黒板…、失礼。テレビ（を見て）。

T：（テレビに映してある）この文は、大造じいさんの気持ち、漢字二文字を表している。大造じいさんの心情が書かれています。

心情が書かれていると書かないでね。

どんな気持ちだと思う？

お隣と相談して。漢字二文字。わかったらすごい。

全員立ちます。

漢字二文字（が何か）、自分で考えたら座る。

よく読んでね。えさを仕掛けたあとのシーン。

漢字二文字。

いろんな答えが出ていいんです。

（子供たちが相談する。）

▲「書いたら起立。暗唱できたら着席」でよい。

▲再度「漢字二文字」である。最初に出た「期待」も正解である。これを褒めて板書させ（モデリング）、「似たような漢字二文字」と促せば「希望」や「願望」「熱望」等が出てくる。「小屋」等の不要な言葉は出させないことだ。

C：期待。
T：（黒板に）書いて。それ以外。
C：本能。
T：ん？　本能ってどういうこと。考えて。
C：小屋。
T：気持ちに小屋はありますか。もっと考えて。
C：希望。
C：勇気。
C：会心。
C：すがすがしい気持ち。
T：漢字二文字です。
C：気候。
T：天気ではない。
T：友達のでもいい。同じでもいい。
T：これ以外。
C：決意。
C：様子。
T：様子を表しているんだけど、それを具体的に。
C：爽快。
T：漢字で書いて。
C：こうき。
T：漢字で。
（「こうき」とは、子供の造語。）

（子供の意見が黒板に並ぶ。）

T：これ以外に（意見は）ないね。

この中から選んでください。

（どれを選ぶか、子供に挙手させる。）

T：どれでもいいです。

「まず、次に、さらに、以上のことより〜と考える。」で、ノートに書きなさい。

（子供がノートに書く。）

T：まず書けた人？　○○さん言って。

C：この文は、大造じいさんの希望を表している。まず、なかなかとれないガンがとれそうだからだ。

T：そういうことです。すばらしい。

引用を使ったら説得力が増します。

全部書けたらAです。「つまり」などを使ったら、トリプルAです。

T：まだ書いていない人？　いませんね。

二分後、聞こうかな。書いていない人。

（子供がノートに書き、教師は机間巡視しながら個別支援をする。）

T：（子供の様子を見て、）「まず」「次に」と段落

▲ここでも文をまず書かせるのではなく、口頭発表させるのである。おそらく工藤氏の頭の中には「書かせてから発表させなければならない」というこだわり（思い込み）がある。それはモデリングができてからの話だ。いきなり書かせれば必ず「お客さん」が生じる。当然だ。それを繰り返すから、授業（学校）が嫌いになる。モデルが示されるだけで、多くの子供たちが救われる。工藤学級は優秀（スピーディー）だから安定している。そこまで子供たちを育てていない学級では、授業が停滞してしまう。

を作っている人はかしこいです。二年生、三年生の勉強ができている人です。

T：○○さん、読んで。

C：この文は大造じいさんの希望を表している。まず、大造じいさんは残雪をつかまえる目標を決めているからです。次に、どじょうで失敗したから、もっともっと方法を考えると思ったからです。さらに、残雪を諦めないで、考えて、次は残雪を捕まえるという希望を考えていたからです。だから希望です。

T：参考にして。

C：書けました。

T：どうぞ。

C_1：希望を表しています。まず、あかつきの光に希望をのせていると思ったからです。

T：続けて。

C_1：さらに、あかつきのひかりが小屋の中に入り込んできたということに、このとき…大造じいさんが希望をのせていたと思ったからです。だから、希望です。

▲書いた子に次々と口頭発表させている。ここはとても良い。ただし、読んだ子に「空白」が生じている。これを消去するにはどうするか。いくつか技術がある。例えば「長さ」で評定する。「行数×一〇点」等である。例えば「丁寧さ」で評定する。「文字がノートのマスに一箇所触ればマイナス五点」等である。例えば「漢字使用」で評定する。「漢字一個につきプラス一〇点」等である。これらの技術を、速射砲のように展開していくことで、子供たちは授業に熱中するようになる。

T：はい。よく読みました。

C：この文は、大造じいさんの希望を表しています。まず、なかなかとれないガンがとれそうだからです。さらに、群がくるから、多くとれると思うからです。その上、残雪をとれるという希望があるからです。だから希望です。

C：この文章は、大造じいさんの希望を表している。まず、次はできるという希望を表しているからだ。さらに、P一二一L一一のあかつきの光がかがやいてたり、言葉は希望に感じたからだ。その上、がんばろうという気持ちがあるからだ。だから希望です。

T：はい。

C：友達の意見を引用していいですか。

T：もちろんいいですよ。

C：書けた人、どんどん言っちゃって。

C：希望を表している。まず、P一二〇、九行目から一〇行目までガンの群を追っているからだ。次に、一二〇ページの七行目に、会心のえみと書いてある。もし、…（聞き取れない）…さらに、（聞き取れない）…。

T：これが違うというふうに書いたんだね。これも一つの技ですね。

C：この文は、大造じいさんの爽快を表している。まず、すがすがしいという気持ちは、爽快を表しているからだ。さらに、…（聞き取れない）、その上…（聞き取れない）…だから、爽快を表している。

C：この文は、大造じいさんの希望を表している。まず、まだとれていないから今回はとれるということがわかるからだ。次に、希望があれば、次は絶対とることができるという気持ちになるからです。さらに、あかつきの光が希望を表していることがわかったからです。

C：決意だ。まず、P一二一L一から、P一二一L三で、決意だと思ったからだ。次に、タニシ作戦が失敗しても、まだ諦めずに捕まえようとする決意を感じたからだ。さらに、P一二一L四からP一二一L六でも、大造じいさんの決意を感じたからだ。以上の三つから決意と考えた。

T：はい。○○さん。

C：えーと、希望です。理由は、まず、希望のようなすがすがしい気持ちがあると思ったからです。

T：はい。他に。

C：この文は、大造じいさんの希望を表している。まず、大造じいさんの最後の作戦だから。次に、P一二一の一行目から九行目を見てください。「…（省略）…」と書いてある。少しはあるからだ。その上、次の作戦に切り替えたからだ。以上の理由から、希望を表していると考える。

T：そこまでにしようか。鉛筆、置いて。

T：この大造じいさんとガンには、他に、こういう気持ちを直接書かなくても、景色で大造じいさんの気持ちを伝えている文がたくさんあります。▲

T：一二四ページ。探してごらん。一二四ページから探してごらん。口々に言ってみて。

C：えーと、「青くすんだ空を見上げながらにっこりとしました。」

T：「くすんだ空を見上げながらにっこりとしました。」これ、大造じいさんの気持ち、漢字二文字で。お隣同士で（話し合って）。

（子供が次のようなことを言う。希望、期待。）

T：もっとあるでしょ。C_2さん、言ってごらん。

C_2：一二四ページの後ろから二行目を見てください。

T：もう一回言ってごらん。聞いていない。みんな。

C_2：一二四ページの後ろから二行目を見てください。

▲「たくさんあります」と言って探させている。とても良い。私なら黒板をページ名で区切る。○ページに何か所あるか探させていく。見つけた子に□行目とだけ板書させる。これを班対抗戦にして、団体で競わせてもよい。子供たちは熱狂する。「情景描写」の色を決めて、定規で綺麗にラインを引かせる。無論教科書にだ。そして最もラインの多いページだけを教師に見せに来させる。赤鉛筆で丸を付けてあげる。

（「はい」と子供たちが返事をする。）
C2：「東の空が真っ赤にもえて、朝が来ました」とあります。
T：ここ、漢字二文字で。
（子供から、決心、決意、勇気、希望、情熱、感情などが出る。）
T：昨日、〇〇さんが言ったところ、覚えている人？
C：「晴れ晴れとした顔つき」と書いていたからだ。
T：見つけて。「晴れ晴れとした顔つき」とはどういうこと？
T：三行目見て。
「らんまんとさいたすももの花がはねにふれて散りました。」どんな気持ち？
（爽快、英雄、期待などが出る。）
T：例えばね。
（爽快、愉快、希望などが出る。）
T：なんで希望？
T：また戦おうとしているから。
T：希望と直球で書かなくても、気持ちが伝わる

文ですね。

今日から、日記に情景描写を書いたらレベルが高いです。書いたら全員通信に載せます。

結構難しいぞ。

ノートを集めて。終わります。

子供のノート

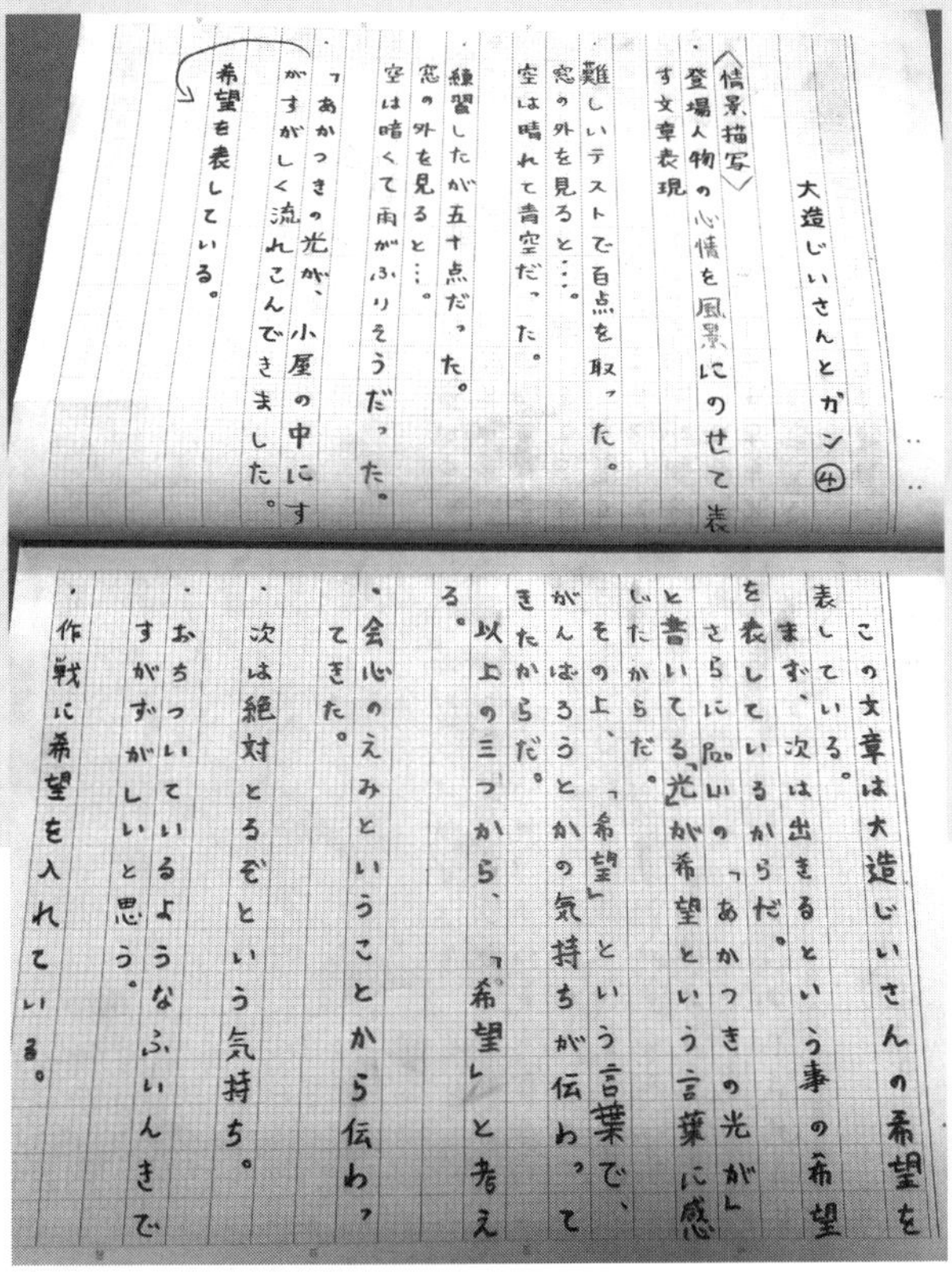
大造じいさんとガン④

〈情景描写〉

・登場人物の心情を風景にのせて表す文章表現

・難しいテストで百点を取った。
窓の外を見ると…。

空は晴れて青空だった。

・練習したが五十点だった。
窓の外を見ると…。

空は暗くて雨がふりそうだった。

・「あかつきの光が、小屋の中にすがすがしく流れこんできました。」
希望を表している。

この文章は大造じいさんの希望を表している。まず、次は出きるという事の希望を表しているからだ。さらにP111の「あかつきの光が」と書いてる。"光"が希望という言葉に感じたからだ。その上、「希望」という言葉で、がんばろうとかの気持ちが伝わってきたからだ。以上の三つから、「希望」と考える。

・会心のえみということから伝わってきた。

・次は絶対とるぞという気持ち。

・おちついているようなふいんきですがすがしいと思う。

・作戦に希望を入れている。

下

大造じいさんとガン④

〈情景描写〉

＊情景描写とは…登場人物の心情を風景にのせて表す文章表現

・難しいテストで百点を取った。
窓の外を見ると…。

雲一つない晴れだった。

・練習したが五十点だった。
窓の外を見ると…。

雨がふっていた。

P120 L11「あかつきの光が小屋の中にすがすがしく流れこんできました。」

この文は大造じいさんの「期待」を表している。

まず、今まで全然つかまえられなかったガンがつかまえられそうだからだ。

次に、夏のうちから心がけてタニシを集めていて、たくさんの苦労があったと思うからだ。

さらに、P120 L7を見ると、「大造じいさんはうまくいったので、会心のえみをもらしました。」とあり、うまくいった文から期待が感じられたからだ。

以上の三つから「期待」と考える。

伴一孝より

授業全体について

映像を観ていると、工藤俊輔氏の学級がものすごいスピードで授業を展開していく。一種爽快である。これだけの学級を育て上げるのは、並々ならぬ腕である。いちばん感心したのは、モデリングを完了するスピードである。教師の考え方がしっかりしているので、子供たちが抜群の信頼を寄せている。弱い子・できない子に優しいのである。これは教師の必須条件だが、真逆の人がほとんどだ。スピードがあると、授業の密度を上げることができる。扱える内容や範囲が広がるのだ。時間に汲々としていては、これができない。だから力がつかない。子供に優しい教師は、指導が練れていて速い。ゆっくり丁寧を優しい教師と勘違いしている人がいるが、迷惑なだけだ。くどい話（授業）ほど、できない子に迷惑なものはない。工藤学級の映像を機会があれば観てほしい。

六年授業テキスト1「やまなし」

第四時

竹岡正和

授業の流れ

❶事前に宿題で出しておいた「十二月を簡単な図にすると、どのようになるか」の話し合い。
＊五月を図に表す学習をしているので、それと対になるように十二月の植物の世界を書かせた。
＊どれが作品としていちばんよいかを検討する。

自分の授業のよいところ・わるいところ

「やまなし」は、作者の心象スケッチを扱ったもので、授業するのは難しい。向山洋一氏の授業を追い続けてきた。すさまじい討論、大人顔負けの文章、どれも憧れだった。

私の授業でうまくいったところは「ある程度、全体を作った上で発問をした」ことである。例えば、「五月は動物の生死について、十二月は植物の生死について書かれている」と前提を作った。こうして前提を作ることで、子供は発問に対して考えやすくなったと思う。これは、何度も「やまなし」をチャレンジすることで生まれた発想である。

さらに、五月の場面で図を例として示したことである。ベン図で「生の中に死がある」と例示することで、子供に「他の表現の仕方」をたくさん考えさせることができた。

「やまなし」は、最初から子供の意見で組み立てると失敗する。いきなり「五月と十二月を対比しましょう」と丸投げすると、子供は混乱してしまい、意見も的外れなものが多くなる。

子供の考えた十二月の図

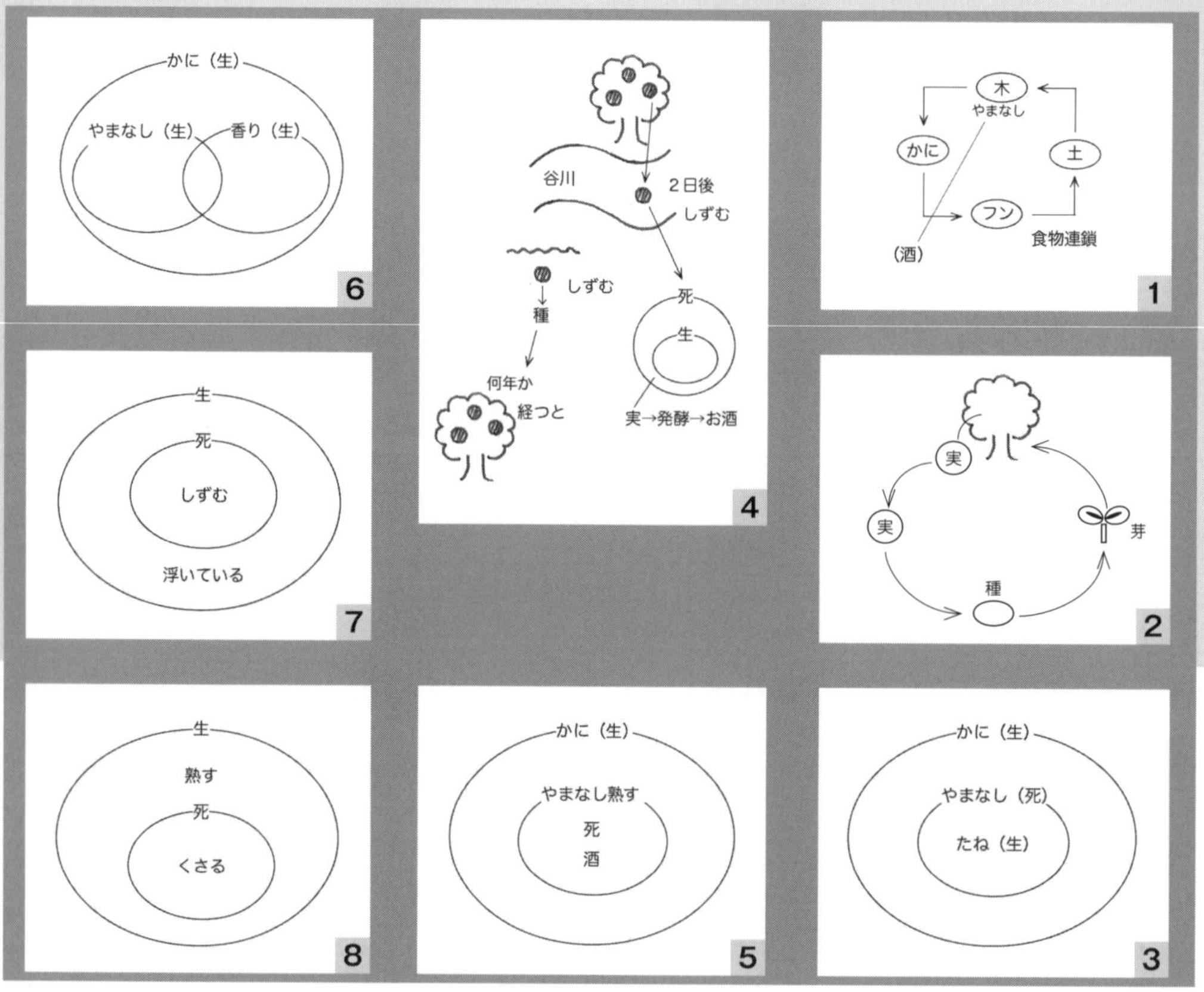

発問・指示

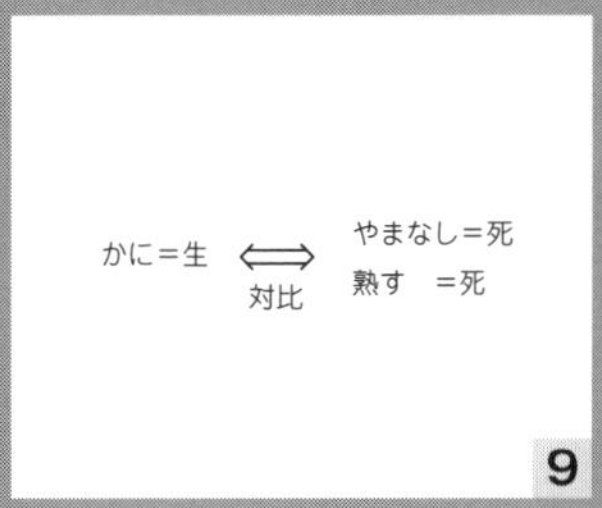

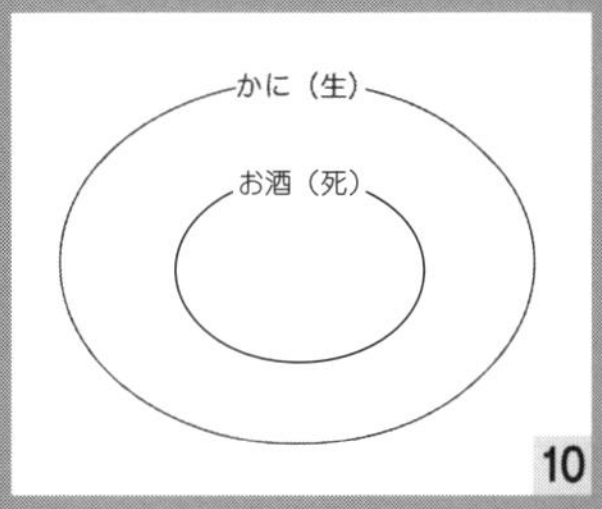

（「どの図がいちばんよいか」を話し合う授業の途中から）

C_1：僕は6番にしました。

T：いい声だね。

C_1：その理由は、教科書一一二ページ三行目に、「どうだやっぱり…」、すみません、間違えました。「いいにおいだろう。」と書いてあります。「いいにおい」ということは、かにの中に、においを取り入れているということなので、僕はそのかにの中に、「香り」を入れました。でも、「やまなし」が香りを出しているので、その中に「やまなし」を入れて、その「やまなし」の中にも「香り」を入れました。

伴一孝のコメント

この子は、ベン図の理解が不足している。「やまなし」は「かに」に内包されてはいない。「香り」を介在して「かに」と並列しているのである。

C_2：あの…、すみません、間違えました。

C_3：僕は2番の○○君のがよいと思います。理由は、植物などは種を植えて、育って、育って、花などからまた種が落ちたりして、またそうやって生えたりしていくから、ずっとそういうのを繰り返していくから、そういうのは合っていると思います。

C_4：僕は、僕は、7番と2番は全く同じだと思って、7番が、今熟していて、生きていて、それで、あとに「やまなし」は腐って死んでしまうんだけども、中にはまだ種が入っているので、その種は生きていて、ずっと永遠に生きつないでいるんだと思います。

C_5：僕は、7番の○○君の図に、付け足しで、この「やまなし」の物語の先には書いていないけど、まだ、その命が続いていて、「やまなし」の本体は「生」で、ちょっと経つと「やまなし」は死になるけど、種ができて、その種が、また、育って、また実になると、どんどん続いている図だと思います。

やまなしの本体は生きている。正解である。やまなしの実は食べられる。それはやまなしが撒いた餌である。餌を食べてもらうことで、本体である種は運搬され、排泄される。しかし、⑦とは関係ない。やまなしは、それこそ山ほどある本体の生命維持（遺伝子継承）装置の一つだ。

C6：私は、10番の○○君が描いた図だと思います。理由は、一一二ページの六行目を見てください。あ、七行目を見てください。

C：（子供たち）はい。

C6：そこに「ひとりでにおいしいお酒ができるから」と書いてあって、かにたちは「やまなし」を、食べるから、お酒にして食べたりするから、かには……う〜ん、食べたりするから、かにの……、なんて言うんだろう。食べたりするから、○○君の描いた図だと思いました。

T：以上で終わりにしていいですか。

C7：僕は、4番の、4番のやつだと思います。理由は、僕は、「かに」の中に「酒」があるということで、「酒」は「やまなし」から出た「酒」で、僕の意見では、「酒」になると「やまなし」はもう死んでいるということで、かには生きているので、「生」の中に「死」があるという意見です。これは、五月の動物のときも、「生」の中に「死」があるという意見だったんだけど、僕の意見は、何かが、かわせみが魚を食べるみたいに、何かが何かを食べるという、そういう意見じゃなくて、かにが生きているものじゃなくて、そのもの、「酒」っていうものを食べることで、「酒」は「やまなし」からできているものだから、こういう図になるんじゃないかと思います。

C8：僕、○○君の○番だと思います。理由は、「やまなし」が先になって、かにに飲まれたら、「やまなし」の「死」だと思うからです。

C9：私は、この図の中にはなくて、（黒板の前に移動する）（黒板に図を描く）こうだと思います。

T：「やまなし」の「し」が「死」になっている。

C9：あ、ホントだ。

C：（子供たちが笑う。）

T：すごいですねぇ。

C：（子供たちが笑う。）

T：なるほど。そういう解釈もあるんですね。勉強になりました。はい、続けて。

C9：私はこう（黒板に描いた図）だと思います。理由は、「やまなし」が酒になるということは、

竹岡氏の促しは絶妙である。発言のタイミングを計っている子たちの背中を押してあげている。

この子は「十二月」の章が、「五月」の章の「弱肉強食」とは異質であると述べている。④と合致している。

子供に「酒」の生成過程はわからない。「食べられる」と同義だと誤解している。

自由度の高い学級である。子供が板書しながら自分の意見を言える。なかなかできることではない。映像ではカメラが回り、参観者がいる状態である。

竹岡氏の介入も穏やかで適切。非常に柔らかい授業になっている。このような授業に「正解」はない。よって様々な考えを認め、受け容れながら、批判的検討を

もう、「やまなし」は死んでて、それから酒になるということだから、「やまなし」は死んでて、「酒」は生きていると思います。

C10：私は、3番の図だと思いました。理由は、十二月の物語では、川の中に落ちてきた「やまなし」のことが書いてあるので、「川」が生きていて、「やまなし」も生きているということだと思いました。かにたちの目線から、「やまなし」が「トブン」と落ちてきたと書いてあるので、こういう図だと思いました。

C11：私は4番の○○君の絵と、10番の○○君の絵なんですけど、生きているかにの中に、あの「やまなし」というお酒が入るから、「生」の「死」があるという図だと思います。

C12：僕は、7番の○○君の図だと思います。教科書一一二ページの四行目を見てください。

C：（子供たち）はい。

C12：「どうだ、やっぱりやまなしだよ。よく熟している。いいにおいだろう。」とあります。「よく熟している」から、今は生きていますが、

加えて行く。そうすることでアウフヘーベン*を創出しようとする営みである。

▲③とは整合していないのだが、この子の言っていることは妥当だ。やまなしは死んではいない。そこが誤解度の高いところだ。

▲お酒が「死」だと思っているのは、子供の誤解である。

*アウフヘーベン
あるものをそのものとしては否定するが、より高い段階で生かすために保持すること。

一一二ページの「待て待て。もう二日ばかり待つとね。こいつは下へ沈んでくる。」とある。これは、二日経つと「生」から「死」に変わる、変わるので、○○君のベン図は、…（聞き取れない）…していた「やまなし」が、どんどん沈んでいくから、どんどんそのうちに「やまなし」は死んでいくんじゃないかなと思いました。

C13：私は1番の図だと思います。理由は、「やまなし」のそのものは生きているけど、「種」も生きているんですけど、熟しているところが「死」だと思うからです。

C14：私は自分の意見の9番のなんですけど、9番の絵を見てもらっていいですか。

C：はい。

C14：「熟す」ということは、「…（聞き取れない）…食べごろ」という意味なので「死」を表していて、「お酒」っていうのは、あの飲むものじゃないですか。だから、植物とか生き物とかに飲まれちゃって、「やまなし」も熟しているところは「死」なんじゃないかなと思うので、「かに」が「生」で、「やまなし」とか、「熟す」とか、

▲この子も、やまなしが死ぬのだと勘違いしている。

▲「熟しているところ（成熟）」が「死」と同義だと誤解している。ならば「熟年層」以上は「死人」である。

▲やはり「熟す」とか「酒」が、「死」だと誤解している。

「酒」とか、そういうものが「死」だと思います。

C15：私は○○君と同じ考えで、2番と7番で、私も2番と7番です。わけは、「やまなし」の、「やまなし」の中の種が生きていて、命がつながっていくと思うからです。

▲「種が生きていて、命がつながっていく」は良い意見である。種が存続する限り、それは「死」ではない。

C16：僕は、自分の意見の2番に賛成です。その理由は、木が実をつけて、実を落として、その実が鳥に食べられて、糞の中に種があって、それが落っこちて「生」になると木に戻って、それが食べられても、まだ種は生きているので、生きていると思います。

C17：私は8番の図がいいと思いました。わけは、「生」が「熟す」で、「死」が「腐る」ってなるんですけど、「熟す」のは食べられるということだから「生きている」ってことで、「腐る」というのは食べられないということだから、「死」だと思います。

▲「十二月」全体を表したベン図ではないが、的を射ている。

C18：意見が、もしあるんなら別なんですけど、他にも意見が出ないんだったら、質問や賛成とか、反対とか（に）行きたいんですけど、他に発表したい人はいますか。

（まわりの様子を確認する。）

C18：質問とか（に）入ってください。

▲この子の発言から「指名なし発表」が「指名なし討論」に移行する。まずは「質問」からというスタイルである。

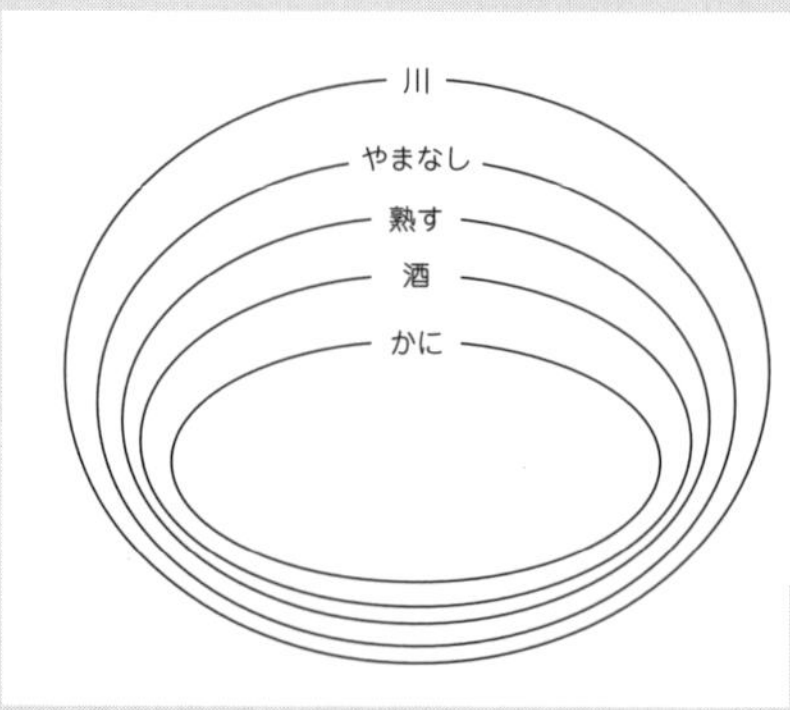

旧5

C5：僕はこの5番（旧5番）の図に質問なんですけど、「川」、「やまなし」、「熟す」、「酒」、「かに」ってなっているんですけど、「酒」の中に「かに」がいると、酒にかにが食べられちゃうということになるんですけど、それはどうですか。

▲ベン図の間違い指摘は的確である。

（子供たちが、まわりと相談をしている。）

C_{18}：C_5さんの意見なんですけど、今、私も…（聞き取れない）…していて、「酒」の中に「かに」だと、C_5さんが言ったように、「酒」が「かに」を食べてしまうということになるので、今は、ちょっと逆にしてもらっていいですか。「かに」を外側にして、「酒」を内側にしてもらっていいですか。というか、と考えてください。

C_5：はい。

C_{19}：先生に質問っていいですか。

T：はい。

C_{19}：僕は先生の意見に反対で、……。

T：聞こえないので、張った声で言ってください。

C_{19}：先生からもらったプリントを見てください。

C：（子供たち）はい。

C_{19}：先生のプリントの……。

T：全然聞こえない。

C_{19}：「やまなし」という「実」が枝から離れて落ちたときは「死」を表すというように、先生の図に書いてあります。しかし、その次の文に、

▲「逆にすればＯＫ」という発想は素晴らしい。言い方もソフトで受け容れやすいだろう。

▲「先生が配った図」に対する質問である。「図」が示されていないので不明だが、「やまなしの実」が落ちたことを「死」としているようだ。しかし、「種は生きている」としているので矛盾しているとの指摘だ。このような発言ができる

「種が生きている」と先生の文にあります。ということは、人間で言うと心臓だけ、先生の図だと、心臓だけ動いているということになる。…（聞き取れない）…そんなことはあるはずがないと思うし、「いいにおいだろう」という文がある。…（聞き取れない）…「いいにおい」を出しているということは死んでいるとは言えない。なぜか。理由は、いいにおいを出しているのは「実」ということはあり得ない。その皮っていうか、その実の部分も、「生きている」と考えられます。

T：人間が心臓のところだけ、もう一回言って。あなたの意見。

C_{19}：人間だって心臓が動いて、体を動かして生きていますが、先生の文だと、心臓だけが動いているということになるので、人間や動物、植物が心臓だけで動いているとは考えられないから、先生の意見には反対です。

T：植物のどこに心臓があるんですか。教えてください。

C_{19}：…（聞き取れない）…。

学級は素晴らしい。ちなみに、植物が実を落とすのは「生殖活動」であって「死滅」ではない。そこに根本的間違いがある。

植物に「心臓」はない。竹岡氏の反駁《はんばく》は「論点のはぐらかし」である。子供は「遺伝子」が生きていると言っている。

▲そこを汲み取ってあげれば、もっと楽しく展開できただろう。

T：え？

C_{19}：根っこです。

T：根っこですね。

C_{19}：心臓というのは、たぶん実じゃないかなと思いました。あ、種です。

T：種だっていう人、手を挙げて。

（子供たちがざわつく。）

C_{20}：C_{19}の意見に反対で、哺乳類と植物は違うと思います。

C_{19}：だけど、心臓だけで、だって、心臓だけで生きていけるなんて、そういう動物とか植物は、僕はいないと思います。

T：仮にあなたが……。植物の心臓はどこにあたるんですか。

……種って、言いましたね。そしたら、私で言うと、中の「種」が「生」になっていませんか、図で見ると。そしたらば、生きているってことでいいんじゃないですか。お聞かせください。

C_{19}：これを見ると、「実」の方が死んでいて……。

▲「哺乳類」ではない。「動物」と「植物」が違うのである。

▲この子は「心臓」という語彙しか有していないのである。繰り返すが植物に「心臓」はない。この子は「心臓（みたいなもの）」と言っているのである。

T：「実」は死んでいるんですよ。書いてありません。

C_{19}：と書いてあるんですけど、「いいにおい」を出せるということは、「実」の部分は死んでいるとは言えないと考えます。

T：ああ、なるほどね。それはいいですね。いいじゃないですか。でも、私、あとで考えがありますから、それ、聞いてくださいね。

なるほど。「腐る」とは書いていないですからね。そのへんは、なるほどなぁと思いました。

はい、続けて。

C_{6}：○○君の、7番の○○君の「生」が浮いていて、「死」が沈むということなんですけど、それに質問なんですけど、生きていたら浮いていて、死んでいたら沈むという考えで……。豆があって、その豆が枯れて、死んでいるやつが沈むって、私やってみたんですけど、その枯れた豆は沈まないで浮いたんですけど、そこはどうですか。

▲実も死んではいない。落下しているだけだ。

▲この子の言う通りだ。実は死んではいない。

▲竹岡氏が認めて討論が再開する。良い学級だ。

▲この女の子の言っていることは至極妥当である。「浮沈」は生死の定義足り得ない。「落ちる」ことを「死」だとする考え方は、いくつかの例示で破綻する。実験（体験）を元に語っているので、説得力がある。

C19：それはわからないんですけど、これには「沈んでくる」と書いてあったので、そう考えました。

▲「考える」のは自由だが、ここは立論と検証の場である。黙って誤りを認めるべきだろう。

T：あと五分くらいで打ち切りますので。

▲「あと五分」と時間の目安を示すことで、逡巡している発言候補者の背中を押している。良いタイミングである。

C3：はい。僕は、先生の意見には賛成なんですけど、先生の漢字の、えっと、…(聞き取れない)…を見てください。

C：(子供たち)はい。

C3：『『あぁ、いいにおいだな。』と『そこらの月明かりの水の中は、やまなしのいいにおいでいっぱいでした。』。『やまなし』。植物の実は自らの『生』もあり、……を幸せにするために育てていると考える。」というところなんですけど、そこは、僕は、読んでいて思ったんですけど、「やまなし」のにおいが違う植物や生きているものを幸せにするっていうのは、いいにおいだってことは、体には害がないということだと思うから賛成です。

▲この子は教師に「賛成」を表明したかったらしい。

T：あ、賛成なんですね。構えちゃった、今。

C20：描きたいことがあるので、ちょっと前に……。(黒板に移動して描く。)前のこれ(黒板)を見てください。私は、この「やまなし」の絵と考えている間に、「やまなし」じゃなくても「植物」なんですけど、ここは「植物」だと考えて、「やまなし」とか「植物」っていうのは、常に「生」と「死」の境目にいるんじゃないかなと思ったんですけど、その理由は、もしお酒になってしまうなら「死」だし、もし別にお酒にならないで木にくっついたままなら生きているまんまじゃないかなと思うんですけど、それについては、重なっているところの、ここここの「生と死の境目」ということについて、みんなはどう思いますか。

▲板書のスピードと言い、発言の明瞭さと言い、おそらくエース級の子供だろう。序盤では発言を控えていた。先の発言で「動物」を「哺乳類」と言い間違えていた子である。「木にくっついたままなら生きている」と、まだ「落下」と「死」が同義だと考えているが、「境目」という概念を提示した。優秀である。

C1：みんな、さっきから、「お酒になることは死んでしまうことだ」と言っているんですけど、お酒の中にも、例えば、「やまなし」だから、おそらく果物だと思うので、そうすると何だろう、ビタミンとか、そういう栄養分とかが体内に吸収されて、また、体の中で生きると思うので、そこで終わったんじゃなくて、今度は、かにの体の中で一つの栄養として生きるんじゃな

▲「吸収されるから生きている」ならば、「五月」の「魚」も、捕食された「カワセミ」の中で「生きている」ことになる。「お酒」が「死」だと誤解しているから、こういう話になってしまうのだ。

いのかなと思いました。

T：「他の人はどう思いますか。」って聞いて。

C20：他の人はどう思いますか。

T：どうぞ、好きなように。

C21：質問、意見について、○○君、どう思いますか。

T：（指名された子に）「考えさせてください」でも、何か言って。立って言います。そういうときは。

C22：考えさせてください。

C23：僕も、C1の意見に賛成なんですけど、○○さん、どう思いますか。

C24：私も、C1さんと同じで、栄養として、体の一部として、生きていくんじゃないかなと思います。

C7：僕は、C1さんの意見に反対なんですけど、体の一部として栄養として生きているときは、もう栄養として生きているので、もう「やまなし」として生きているわけじゃないので、それは、「やまなし」としては死んでいるんじゃないかなと思います。

ここで誤解のまま討論が進もうとする。しかし、「『やまなし』としては死んでいる」という意見が出て収束する。竹岡氏が「どちらに賛成か」と挙手確認するだけで打ち切る呼び水になっている。

T：C7とC1のやりとりは、とても面白いと思うんですけど、どちらに賛成しますかねって、聞くといいんですね。誰かが立って。誰か、立って。○○さん、言ってください。

C21：C1とC7の意見、どっちに反対なのか、あ、どっちに賛成なのか、聞きたいので、C1の意見に賛成の人は手を挙げてください。

（子供に挙手させる。）

C14：あっ、人数じゃないから、大丈夫。下ろしてください。C7の意見に賛成の人。

（挙手させる。）

C14：ありがとうございます。

T：いいですか。これぐらいで。他に言いたいことがあったらどうぞ。

C8：僕は、C25のベン図に質問なんですけど、C30は、鳥とかに食べられて糞になって、種を…（聞き取れない）…と言ったんですけど、この話では「そのとき、トブン。」と書いてあって、「トブン」ということは、海の中に入ったから、あ、川の中に入ったから、鳥に食べられることはないんじゃないかなと思いました。

C_{25}：でも、入ったあとに、鳥とかが食べて、それをまた食物連鎖で魚とかが食べて、それを鳥が食べたりして、また、それを鳥が糞で出して、つながっていくと思うんですけど。

C_{18}：さっきのC_{14}さんの話からそれちゃってると思うんですけど、C_{14}さん、大丈夫ですか。

C_{14}：聞きたいことだそうなので……。

（以下略）

▲「川に入ったから鳥に食べられない」は暴論である。

▲「食物連鎖」で繋がっていくのは、その個体生物の「生」ではない。六年理科の内容と関わるので、既習で授業するのとしないのとでは、かなり討論の内容が変わってくる。竹岡学級ではどうだったのか、ここまでの記録では判じがたい。

本書には六名の手練れ（教師）の授業実践が収められている。中でも子供の発言数・発言力が突出しているのが竹岡氏の「やまなし」である。これは文字起こしでも歴然。授業映像を観れば、そのレベルの高さは推して知るべしだ。「都会の子供たちだから語彙が豊富」「人口密度が高いから言語コミュニケーションが多い」そういう言い訳は誰でもできる。しかし、教師に技術があれば、地域や環境の差は埋められる。そういう眼で、授業実践を読んでみてほしい。

伴一孝より　授業全体について

竹岡氏は、現在日本の言語教育会において稀有の存在である。まず、本教材「やまなし」をまともに授業できる教師は、ほとんどいないと言ってよい。私は三五年教師をやったが、寡聞にして竹岡氏を入れて三名しか知らない。加えて、この難教材を「討論」の形で教えられる授業者となると、まず竹岡氏以外には存在しないだろう。「やまなし」は光村図書六年国語に掲載されて半世紀以上になるはずだ。誰もが通常は触れたがらない特A級の難関である。これが授業できたら、国語教師としてまずは合格。並の教師には、作品解釈すらままならない。通常は、読ませてイラストを描かせて、「以上終了」である。志ある教師は、ぜひ挑戦してほしい。私は一五年を要した。

六年授業テキスト2 「やまなし」

第六時

竹岡正和

授業の流れ

❶ 前日に宿題で出しておいた「やまなしは生きているのか、死んでいるのか」のノートチェックを行う。
❷ どちらに賛成か、隣同士で相談する。
❸ クラス全体で「やまなしは生きているのか、死んでいるのか」を話し合う。

自分の授業のよいところ・わるいところ

休み時間、子供は楽しい会話をする。その雰囲気を授業の討論にも持ち込みたかった。「休み時間の雰囲気」という視点で討論を見る。そして、子供の発言に注目する。

まず、気になったのが「抑揚のなさ」である。遠慮がちに自分の意見を主張する子、反論されると、しどろもどろになってしまう子、ノートを棒読みする子など、さまざまである。これは、日常の授業で多くの子に発言する機会を与えてこなかった私の指導不足である。毎時間、毎時間、全員が一度は発言する授業づくりをすれば、発言に対する耐性もついていたに違いない。こうした日常指導が積み重なって、「討論」できる状態になっていくのだろう。

また、子供の解釈力を高める指導があればよかった。「やまなしは生きているのか」という問いに対して、子供が本文から手掛かりになる言葉を引用する。そこから、自分の解釈をびっしりとノートに書く。こうした授業を多くしておけばよかったと思う。

発問・指示

（③「やまなしは生きているのか、死んでいるのか」の話し合いの途中から）

C1：（やまなしは）死んでしまうのだと思います。だから、今、この状態では生きていると思います。

C2：私は死んでいると思います。一一二ページを見てください。

C：（子供たち）はい。

C2：一一二ページに、お父さんが「どうだ、やっぱりやまなしだよ。よく熟している。いいにおいだろう。」と書いてあります。「いいにおい」ということは、「おいしそう」ということだと思います。「熟している」という言葉は、食べるのにちょうどいいから、食べるのにちょうどいいから、「食べよう」ということと近い言葉だと思って、「やまなし」が……。先生、ちょっと前（に）出て（いいですか）。

伴一孝のコメント

▲「やまなし」本体が生きているかどうかは、本文からは不明である。しかし、この川に落ちて来たやまなしは生きている。実が熟しても生きているし、捕食されても種が生きている。

▲動物が「食べられる」ことと、植物の果実が「食べられる」ことは、捕食される側にとって正反対の意味がある。そこをおさえなければ、表面的な「食べられる」＝「死亡する」という話になる。

▲子供が板書しながら説明する。良い学級である。

T：前(に)出て、いいですよ。

(図を黒板に描く。)

C2：この図で考えると、「やまなし」はこれで、「かに」がこれなんじゃないかなと思いました。

C3：僕は、「やまなし」は生きていると思います。なぜかというと、第一に一一二ページを見てください。

C：はい。

C3：「よく熟している。いいにおいだろう。」と書いてあるけど、たぶん熟していなかったら死んでいると思うけど、よく熟しているんだったら生きていると思いました。

▲「熟していなかったら死んでいる」のではなく、「熟していなかったら若々しい(未熟)」だ。一貫して「成熟」の意味を誤って捉えている。

C4：私は「やまなし」は死んでいると思います。理由は、木……。先生、黒板に描いても平気ですか。

T：びっくりした。(いいですよ。)

(子供が黒板に描く。)

C4：木があって、そこに「やまなし」がなっていると思うんですけど、木には根っこがあって、水を吸い上げて、「やまなし」の実に、養分をあげていると思うから、それは人間、人間……。この水は、人間も血液があるから、養分があるっていうか、そういうのだと思うので、もし、人間(の)、この手が取れちゃったら、たぶん手は生きていないから、あの動くこともできないと思うので、これと人間の体は同じなんじゃないかなと思ったから、死んでいると思います。

▲板書して説明しているのはよい。発言もスピーディーで歯切れがよい。ただ、「人間の手」と「植物の果実」が同じだと考えるのはなぜだろう。

▲自然に触れる経験が少ない子供なのだろうか。枝を落とせば枝は枯れる。人間の手と同じだ。しかしそれは「枝が落ちた」のであって「木が枯れた(死んだ)」のではない。「果実(やまなし)」は落ちても枯れない。種の中で何百年も生き続けるのだ。

C5：僕は、かにたちが「もう二日ばかり待つとね」というところで、まだ二日生きていて、二日経ってしまうと、沈んでしまって、そして、死んでしまって、かにたちが食べるんじゃないかなと思いました。

▲かには実を食べる(果実酒を飲む)のであって、種まで食べて消化するのではない。

C6：私は生きていると思います。理由は、一一二ページを見てください。

C：(子供たち)はい。

C6：「待て待て。もう二日ばかり待つとね、こいつは下へしずんでくる。それから、ひとりでにおいしいお酒ができるから。」とあります。つまり、「おいしいお酒」ができるということは、まだ生きていることと考えられます。もし、生きていないのであれば、他の使い道はなくて、お酒とかそういうことはできないと思うけれど、生きているから「おいしいお酒」ができるから、使い道があるから生きていると思います。

「使い道があるから生きている」ならば佃煮だろうが缶詰だろうが「生きている」。完全なカテゴリー違いである。

(何人もの児童が発表しようとする。)

T：必ず言えるから大丈夫。必ず、全員言えるから。

この指示(介入)は大切だ。ただし、言ったからには必ず言わせなければならない。教師の時間配分(仕切り)があってこそできることだ。

C7：一一〇ページに「天井から落ちてずうっとしずんで、また上へ上っていきました。」とある。上がっていくということは、まだ浮いているということだから、生きていると考えられる。人間だって生きていなければ、……生きていれば水面に浮くが、死んでいたとしたら、「天井から落ちて」そのまま沈んでしまうと思うから、そこから「やまなし」は生きていると考えられた。

この子も「落下」=「死」だと考えている。ならば海の底のヒラメは皆死んでいる。

C8：私は、「死」だと思います。理由は、魚がいるとして、魚は陸に出ちゃったら、そこで終わりのように、「やまなし」も木から離れちゃったら、もう終わりなんじゃないかなと思いました。

やまなしは「木から離れたら終わり」ではなく、「木から離れて子孫を繁栄させる」のである。逆だ。

T：(黒板に描いた子へ)消さなくていいよ。そのままにして。

C9：僕は「生」だと……。僕は、「やまなし」は生きていると思いました。その理由は、何ページだ、……一一一ページの一、二、三、四、五行目を見てください。

C：(子供たち)はい。

C9：この、お父さんが、お父さんガニが「そうじゃない。あれはやまなしだ。流れていくぞ。」とあって、流れていく動作って、もしも死んでいたら、死んでいたら、「流れていく」じゃなくて、「流れに身を任せて流されていくぞ」となると思うんですけど、ここでは「流れていくぞ」ってあるから、生きているんだと感じ、感じじゃない、思いました。

「流れていく」は生死とは無関係である。川に住む幾多のプランクトン(微小水中生物)は、皆「流れていく」が、しっかり生きている。川に落ちた猫の亡骸は、しっかり「流れていく」が、完全に死んでいる。関係はない。

C10：私は生きていると思います。一一一、あ、一一二ページを見てください。

C：(子供たち)はい。

C10：「こいつは下へ沈んでくる。それから、ひとりでにおいしいお酒ができるから。」とあります。「おいしいお酒」になるということは、まだ役に立つということで、辞書では「役に立つ」ということは「生きる」というところで載っているので、生きていると思います。

C11：僕は生きていると思います。理由は、一一一ページの七行目に、「やまなしのいいにおいでいっぱいでした。」とあります。これから、僕は、もし死んでいるのであれば、においが腐っていて、あまりいいにおいではないから、死んでいるんじゃないかなと思いました。で、辞書で、「腐っている」と調べたら、「植物などが細菌の作用で傷み、崩れる」とあるので、細菌っていうか、病気みたいなもので、人間も病気になったら、やっぱり元気ではないから、その細菌で死んじゃったんじゃないかなと思います。

C12：私は生きていると思います。……私は生きていると思います。一一一ページの七行目を見てください。

C：（子供たち）はい。

C12：「水の中は、やまなしのいいにおいでいっぱいでした」とあります。それは鳥などに食べてもらうために、いいにおいで鳥を誘っていて、

▲「役に立つ」の「いきる」は「生きる」よりも「活きる」に近い。ここでは「生死」を問うているのであって、「死活」を問うているのではない。カテゴリー違いである。

▲「いいにおい」は生きている根拠にはならない。香水は「いいにおい」だが生きていない。スカンクは「いいにおい」ではないが生きている。

どうして食べてもらうのかを考えてみたら、「やまなし」の中にある種も、鳥に一緒に食べてもらえるので、その種が鳥の糞になって、落ちて、種から芽が出るから、死んでいたら、鳥などの動物に食べてもらおうとしないから、いいにおいなんて出さないと思うからです。

C13：僕は「生」だと思います。理由は、……、もし、お酒に……。一一二ページに、「待て待て。もう二日ばかり待つとね、こいつは下へしずんでくる。それから、ひとりでにおいしいお酒ができるから。」と書いてあります。もう二日ばかり待ったら死んじゃうけど、今は流されていて、もし流されている途中に、食べられてしまったら、この図みたいに、おなかの中で死んでしまうけれど、まだ、その生きているもので、食べられていない状態で、カニたちが見ているから、今「やまなし」は、生きていて、熟しているので、まだ死んでいない状態だと思います。終わりです。

C14：私は「やまなし」は生きていると思います。理由は、一一二ページを見てください。

▲この子は「果実」が捕食されることによって行う「生殖活動」に言及している。とても良い意見である。もちろん、まだ死んでいないし、「食べられ」ても死にはしない。捕食者の体内でしっかり生きている。

C：（子供たち）はい。

C_{14}：六から八行目の「待て待て。もう二日ばかり待つとね、こいつは下へしずんでくる。それから、ひとりでにおいしいお酒ができる」と書いてあります。お酒は、細菌などで醗酵してできて、細菌は、細菌は辞書で調べたら、「そのものを分解したり腐らせたりする」と書いてあったので、私は腐ることが死で、「やまなし」はまだ生きていると思います。

▲やまなしは腐っても死なない。種が残るだけである。

C_{15}：僕は生きていると思います。理由は一一二ページの三行目に、「どうだ、やっぱりやまなしだよ。よく熟している。いいにおいだろう。」と書いてあります。この文から、腐っていたり、死んでいたら、いいにおいはしないと思うからです。

C_{16}：私は「やまなし」が生きていると思います。えっと理由は、一一二ページに「こいつは下にしずんでくる。」とあります。これ……、その「こいつ」というのは、生きているという意味だと思います。なぜなら、「やまなし」が死んでいたとしたら、「こいつ」じゃなくて、「これ」と言うと思うからです。

▲「こいつ」と「これ」の呼称の違いは生死と無関係である。「こいつの亡骸」もあるし、「亡くなったこれ（配偶者）」もある。

C_{17}：生きていたら美味しそうに見えるけど、腐っていたら美味しそうに見えないからです。

▲「おいしそうに見える」も生死と無関係。「おいしそうな刺身」は死んでいるし、「まずそうな鮟鱇」は生きている。

C_{18}：私は生きていると思います。一一二ページを見てください。

C：（子供たち）はい。

C_{18}：七行目に「ひとりでにおいしいお酒ができるから。」と書いてあるんですけど、それは「やまなし」が生きているからであって、もし腐っていたら、「やまなし」の、「やまなし」が崩れていて、お酒ができないと思うからです。

▲「腐って」いても、やまなしは生きている。

T：もういないのかな、発表。いいですか。

▲こうして時々、竹岡氏の促しが入る。教師が手を入れて、しっかりとした討論が成立する。

C_{19}：えっと私は「やまなし」は生きていると思います。理由は、一一二ページの三行目と七行目に「よく熟している」、「ひとりでにおいしいお酒ができる」とあります。熟して、「熟す」の「熟」という字を辞書で調べたら、「十分な程度に達すること。」と書いてあって、十分な程度に達しているけど、まだお酒になる力は残っているから「やまなし」は生きていると思います。

▲やっと「熟す」の（辞書的）意味が出てきた。一つ一つの言葉をこうして辞書で調べていたら、かなりこの迷走は予防できるはずである。

C20：私は「やまなし」は生きていると思います。一一一ページを見てください。

C：はい。

C20：「そこらの月明かりの水の中は、やまなしのいいにおいでいっぱいでした。」とあって、水の中に「やまなし」のいいにおいがいっぱい広がっているということは、「やまなし」は生きているから、水の中でいいにおいが広がっているんだと思いました。

▲「いいにおい」と生死は無関係。

C13：発表ある人はいますか。自分の意見を言いたい人はいますか。

▲ここで子供同士の「促し」が入る。良い学級だ。

C21：まず、私は生きているか死んでいるかじゃなくて、植物の原点をたどってみたんですけど、植物は確かに生きているかもしれないけれど、植物が大きくなるには、人間とかまわりにいる人たちが、肥料とか、水とかをあげて大きくなると思うし、植物はたった一人では育たないと思う。一つだけ言えるとしたら、人間が手を加えることで植物が大きくなって、それから花を咲かすので、もし誰も手をかけてあげなかったら、植物は生命がなく、花も咲くことがないと思うし、植物が知らないうちに、誰かが水をあげることによって生命が生まれるので、植物の原点を辿ると、植物の原点を辿ると、死だと思います。

▲植物が大きくなるのは誰かが手を加えたからではなく、太陽の光エネルギーを炭素に変えているからである。よって植物の原点にあるのは「死」ではなく、「光合成」である。五年理科の内容だ。

C7：手を加えなくても、植物とか、木とかは、どんどん育っちゃうと思うので、勝手に咲いちゃうのかなと思いました。

▲「勝手に咲いちゃう」こちらの方が、まだよい。

C9：雑草とかも、「やまなし」も植物だけど、雑草も同じ植物だし、人間が生まれる以前に、生物が生まれる以前に植物はあったけど、ちゃんと育っていたので、人々の手を加えなくても、植物は生きていけるんじゃないかなと思います。

▲「生物が生まれる以前に植物はあった」。「植物」も「生物」の一部であるから、これは間違い。

▲「人々の手を加えなくても生きていける」は正解。「人々」がいない方が、植物にとっては良い世界。

C2：でも、手を加えなくても生きていけるかもしれないけど、そこの、木から離れたらもう死んじゃうと、栄養がいかないから死んじゃうと思います。

▲木から離れて（落下して）も、果実は死なない。枝葉は枯れる。しかし、それは「（本体植物の）死」を意味しない。人間の「髪の毛」と同じ。

C_4：私もC_2さんと同じ意見で、さっき黒板に書いたように、根っこから、根っこが水を吸い取って、その、実まで幹を通っていくから。なんて言うんだろう。なんか、この間、なんか、葉っぱで、木は葉っぱで息をしているって言っていたので、実には、葉っぱという存在というか、実には葉っぱがついていないから、息もできないし、栄養も取れないから。自分が、もし、その、手が取れたら、この手は生きていると思いますか。

▲理科で学習した「蒸散」のことを言っている。蒸散で集めた水分・養分を蓄積しているのが「果実」。それを捕食するのが「動物」。捕食させて植物は自らの「種」を拡散する。「息もできない、栄養も取れない」はそうだが、「必要がない」からだ。それは根・茎・葉の仕事。

C_{21}：どうしても人間は少しくらい、一日くらい栄養をもらわなくても生きていられるので、実も、落ちただけで、二日ばかり生きていられるんじゃないかなと思います。

▲「二日ばかり」ではなく、何百年も生きている。

C_{22}：でも、木から落ちた時点では育たない。「やまなし」は、木から栄養もらっているから、木から落ちたら育たないと思います。

▲木から落ちるからやまなしは育つ。木から落ちなければ育たない。逆である。

C_5：育たないけど、成長しなくても、熟しているんだから、おじさんみたいになっちゃうってことだから、食べる時期ってことだから、落ちても、食べてもらうというか、いらなくなったものということだから、成長しなくても、その実はいいと思います。

▲良い悪いの問題ではない。そのようなシステムで遺伝子を継承・拡散しているだけだ。

C_2：でも、葉っぱも、葉っぱも木から落ちたら、枯葉に、枯葉になって、そこらへんにあるから、実も落ちたら、そのまま死んでいく、死んでいくというか、死ぬんじゃないかなと思います。

▲死なない。

T：（発言できていない子がいることを知らせる。）〇〇君とか、発言していないから。

▲一旦「全員発言できる」と言ったのだから、そうさせなければならない。良い促しである。

C_{25}：えっと僕は、実は、息をしなくても大丈夫だと思います。なぜなら、木から、実を熟してから、実は熟したら重くなって、勝手に落ちると思うから、息をしなくても。あと、木が生きていたら、二酸化炭素を吸って酸素を吐いているから、二酸化炭素を使ってデンプンを作り出しているわけだから、実自体が呼吸してデンプンを作り出す必要はないから、呼吸しなくても、二日くらい生きていけるんじゃないかなと思い

▲「二日くらい」が間違っているだけ。概ね合っている。

ます。

C8：でも、離れたら、「やまなし」は木から離れたら死んでいると思うし、魚みたいに、魚は、水があるところでしか生きていけないから、生きられる陣地みたいなのがあって、「やまなし」とか、そういう木になっているとき、木になっていることが生きている陣地……みたいなもので、もう離れたら死だと思います。

▲また「落下」＝「死」説が出てくる。理科を教えた教師の責任である。

C11：僕は違っていて、魚も、水からちょっと出ただけじゃ死なないから、水から出て、ずっと陸にいるようであれば、もう息ができなくて死んじゃうんだけど、ちょっと水から出たぐらいだったら死なないから、「やまなし」も、木から落ちてすぐに死ぬんじゃなくて、木から落ちて、ちょっと経ってから死ぬって感じじゃないかなと思います。

▲「魚が水から出る」のと「果実が下に落ちる」のを同義に捉えてはいけない。教えたのは誰だ！

C26：私はC2さんに質問なんですけど、木から落ちた時点で死んだと考えていたら、スーパーとかに売っている果物を食べていたら、死んだ果物を食べてるってことになるんじゃないですか。

▲これは良い切り返しだ。スーパーで売っている魚も果物も生鮮食品だ。時間が経てば腐敗する。魚は消えるだけだが、果物は種が残る。それを生活体験として有していないのだ。種がなぜ固くて食べられないのかを、食卓で話し合ったことがないのだ。

C2：死んだ果物を食べてるって言ったんですけど、肉とかも全部死んでいると思うし、果物も、肉とかも死んでいると思うから、果物も死んでいても、食べられるんじゃないかなと思います。

▲至極真っ当な意見である。人間は水に潜っても死なない（場合が多い）。果実も落下しただけでは死なない。

C27：果物と生物は、逆に生物だったら、生きていたら逆に食べられないし、果物だったら、落ちていたものが食べられないとは判断できないんじゃないんですか。

C5：僕は、木から落ちたら死んじゃうってことは、もし人間が水に潜ったら、すぐ死んじゃうようなものなので、木から落ちても、すぐに死なないと思います。

C9：僕は、僕は、木から落ちただけで、養分とかなくなっちゃうとか言うけど、水とかも養分なので、落ちた瞬間に栄養なくなったら、水分全部なくなって、カピカピのりんごとかがスーパーに並んでいることになるので、なんかドライフルーツみたいになっちゃって、なんかビタミンとかも何もないような、なんか塊みたいな感じで、スーパーに果物は売ってないので、まだ、なんて言うの、木の根っこからもらった栄養は、実の中に、ある程度、ちょっとぐらいは貯金してるんじゃないのかなと思います。

（以下略）

▲「貯金」は良い概念だ。理科のセンセイに、もう一度授業してもらうべきだろう。子供たちが可哀想である。

「子供が自分で立って発言する」「自分たちで授業を仕切る」このようなことは普通の教師にとって異次元の事態だ。それをこの学級は見事に実現している。「異次元の事態」を創出するのは「偶然」ではない。教師の努力・勉強に依拠する「必然」である。だから、努力・勉強をしていない教師にはまるで理解できない。それが竹岡氏の授業である。

教師は「自分ならばどの授業を受けてみたいか」「どの教師に教えてほしいか」を考えながら読んでみてほしい。そして「自分自身に（自分は）教えてほしいか？」と自問してほしい。その連続的営み（自問）の中からこそ、新しい自分の授業実践が創り出されていく。その境地に到達する人は、教師として至高の人生を歩むだろう。

伴一孝より

授業全体について

二〇年以上前に、私の地元長崎で、あるセミナーをやった。遠い埼玉から、一人の男性受講者があった。座席表で顔だけ確認したが、彼は挨拶もせず、黙って受講して、独り帰っていった。それが竹岡氏である。各地のセミナーで、名前だけは目にしていた。しかし、長崎まで一人で足を運ぶ志を知って、初めて彼の面構えを認識した。それ以来、様々な場所で、私から声をかけるようになった。シャイな男である。それが授業によく出ている。穏やかで、知的静寂を佳とする彼の人柄が、見事に子供たちにコピーされている。素敵な学級映像であった。これだけの授業・学級経営は、数十年腕を磨き続けた職人にしかできない業だ。彼の授業を観る機会があるならば、万難を排して行くべきだ。そこでは、素人には想像もできない、異次元のパフォーマンスが繰り広げられるだろう。

ポイント解説

長谷川博之

1　形式主義を排す

「写させない。無駄である。どうせ消去するのであるから、形式的な『板書→視写』は不要である。どうやって短時間で本題に入るかが勝負である」伴氏は繰り返し指摘する。「口頭でよい」と。

良い授業には前置きがない。「導入・展開・まとめ」なる俗な型を必要としない。いちいち「導入」など設けず、すっと本題に入る。その場にいる全員の注意を、一瞬にして引き付けるのである。私たちＴＯＳＳではその工夫を「授業のはじまり（一五秒）のつかみ」と称する。

「授業開始の挨拶」「めあての板書および確認」「板書計画（どおりの板書）」「お芝居」と化す音読等、現場にはびこる形式主義を伴氏は随所で痛烈に批判する。なぜか。その一切が無駄だからである。たとえば「授業開始の挨拶」だ。授業一コマ小学校四五分、中学校五〇分は、指導要領で規定されている。しかし、国語の授業の中で「起立・礼・お願いします」をしろとなど、どこにも書かれていない。どこかの誰かが勝手に始めた行為である。したがって、私たちにその指導をする義務はない。そういう無駄を無駄とも思わず、周囲がやっているからと延々垂れ流し続ける教師が、腕のある授業者に成長することはない。子供に無益な形式を、私もまた拒否し続けてきた。一事が万事、なのである。

2　モデリングを駆使する

伴氏のコメントを読むと、学年を問わず、授業の論理構造についての言及も多くある。高学年の部では、その構造が「プロの組み立て」と表現されている。伴氏の例示を見てみよう。

「いきなり第二文を書かせては駄目だ。ハードルが高過ぎる。だから空気が重くなる。ならばどうするか。口頭で発表させるのである。これを『モデリング』と言う」

授業におけるモデリングの具体的方策については、本書コメント欄に散りばめられている。授業で実践するために、ぜひ総ざらいし、書き出してみてほしい。

「子供が戸惑うならば、教師がいくつか口頭で例示（モデリング）をする。すると速い子が手を挙げて発言する。発言した子に、そのまま板書させる。これを三名ほどやってしまえば『モデリング』の完成である」

私もよく採る方法である。何が良いか。教室には、不安の強い子供や間違いを極度に恐れる子供が複数名存在する。彼らにとって例示は、きわめて大きな安心材料となる。「このように言えば、書けばよいのか」と安心して、頭の中にある考えを表に出せる。

「最も苦手な子は、黒板に書かれた友達の文を、好きなもの一つ選んで視写すればよい。こうすれば、全員が一緒に授業に入っていける」

「自由に書けばいいんだよ」「間違ってもいいから、自分の考えを書けばいいんだよ」よく耳にする言葉であるが、何の力ももたない。百万遍繰り返しても、目の前のその子は書けないのだ。

だからモデリングをする。口頭発表のみならず、板書もさせる。複数ある中から自分の考えに近い一つを選び取るのもまた、立派な学習である。

プロはここまでの配慮をして、授業を展開するのである。たった一人の「落ちこぼし」も出さない。その理想を、具体的な教授行為をとおして具現化するのである。

3　優れた討論の授業を実現している教師の共通点に学ぶ

竹岡正和氏の授業に対する伴氏のコメントは、それまでのコメントと大きく異なっている。その異質性に気づいた読者もいることだろう。どんな点が異なるか。竹岡氏の授業行為より、子供たちの発言内容に対する「指導」に傾斜している点である。それだけ、竹岡氏の授業に隙がないことがわかる。伴氏の言葉を拾ってみよう。

「こうして時々、竹岡氏の促しが入る。教師が手を入れて、しっかりとした討論が成立する」

「一旦『全員発言できる』と言ったのだから、そうさせなければならない。良い促しである」

「竹岡氏の介入も穏やかで適切。非常に柔らかい授業になっている。このような授業（討論の授業─長谷川注）に『正解』はない。よって様々な考えを認め、受け容れながら、批判的検討を加えて行く。そうすることでアウフヘーベンを創出しようとする営みである」

言い得て妙、である。大前提として、「様々な考えを認め、受け容れ」ることのできる学級集団形成が必要なのである。声が大きく腕力の強い人間たちが自分勝手に物事を動かしていくような、不平等かつ不自由な集団にあっては、指名なし討論など為しようがないのだ。そのうえで、異なる立場から主張と主張をぶつけ合い、共に新たな峰に登り詰めようとする意欲と、ぶつけ合いを可能にする言語運用能力とが要る。なにより、指導者たる教師自身に、高度な言語運用能力と、子供たちを教え育み成長させ得る指導力とが求められる。これが、討論の授業が「高段の藝」（向山氏）と称される所以である。

私自身、向山氏の実践と、向山氏を追いかける伴氏の実践に強烈に憧れ、足を運んで学び、追究して今日まで歩みを進めてきた。この目で見た伴氏の学級もまた、自由であり、平等であり、授業になるときわめて知的な雰囲気の中で鋭い発言が次々と飛び交う集団であった。本書に学び、ぜひその峰に挑んでいただきたい。

おわりに

随分乱暴なコメントを連発したものだ。筆の勢いが余ってしまった。授業をやっていない人間が、現場の最前線で仕事している人たちに、本来ならばとやかく言うのは恥だ。自分の性分ではない。だが同時に「書き出したら止まらない」のも性分なのだ。着火すると、爆発するまで制御が利かない。授業者の皆さんには申し訳ないが、それよりも、教え子の皆さんや保護者、授業者に近い方々にも、不愉快な思いをさせたに違いない。ただただ頭を垂れるのみである。

私は授業では三五年の手練れだったが、現在の仕事では「一年生」だ。ＹｏｕＴｕｂｅをやっている。誰に習ったわけでもなく、教師を始めたときと同様、見よう見まねでやっている。本は読んでみたが、教師の仕事同様「知る」と「できる」とでは、天地の差がある。それは経験したことなのでわかっている。だから謙虚に学ぶ。この世界は、主役が二〇代だ。だから、若い人に頭を下げて習っている。そういうものだ。職能に年齢や経験年数は関係ない。ただただ「人より勉強した者」「時間・労力・経費を懸けた者」だけが登っていく。私も一からそれをやっている。それが性分に合っているのだ。

拙いチャンネルだが、やっと「登録者数」が三千名を超えた（二〇二〇年一一月）。有難いことだ。スキルは間違いなく上げていくので、よかったらのぞいてみてほしい。「伴一孝」で検索すれば出てくる。毎日最低一本はコンテンツを上げている。これは教師の世界の「研究授業」と同じ。仕事を人目にさらさなければ、腕など上がらない。それも教職を通じて身に沁みた。始めて八ヶ月で、三百を超えるコンテンツが並んだ。教育に関する情報ならば、何でも提供できる。いずれは№１を目指している。人間の生き方は変わらない。倒れるまで、私は自分の腕を磨くことに全精力を傾ける。現場の皆さんと、同じようにだ。

伴 一孝（ばん かずたか）

長崎県生まれ。元長崎県公立小学校教諭。

「向山型国語教え方教室」元代表。向山洋一氏の実践を一途に追い続けた「向山型国語」のスペシャリスト。

2020年、YouTube「ウルトラ教師【教え方】チャンネル」を教師のYouTuber→T-Tuberとして開設。

著書に「伴一孝の教師道１」（東京教育技術研究所）、「小学校の『国語・読解問題』を9つのコツで完全攻略」（PHP研究所）などがある。

あなたの国《こく》語《ご》授《じゅ》業《ぎょう》を直《なお》します

2021年1月25日　初版発行

著　者　伴 一孝
発行者　小島直人
発行所　株式会社 学芸みらい社
〒162-0833 東京都新宿区箪笥町31 箪笥町SKビル3F
電話番号：03-5227-1266
FAX番号：03-5227-1267
HP：http://www.gakugeimirai.jp/
E-mail：info@gakugeimirai.jp
印刷所・製本所　シナノ印刷株式会社
ブックデザイン　吉久隆志・古川美佐（エディプレッション）
編　集　青木こずえ

落丁・乱丁本は弊社宛お送りください。送料弊社負担でお取り替えいたします。

ISBN978-4-909783-60-8 C3037